J'AI CHOISI LA TERRE

DU MÊME AUTEUR

DANS PRESSES POCKET :

DES GRIVES AUX LOUPS
LES PALOMBES NE PASSERONT PLUS
LA GRANDE MURAILLE
CETTE TERRE EST LA VÔTRE
ROCHEFLAMME
UNE FOIS SEPT
J'AI CHOISI LA TERRE

CLAUDE MICHELET
agriculteur

J'AI CHOISI LA TERRE

ÉDITIONS ROBERT LAFFONT

(Édition originale ISBN : 2 - 221 - 00572 - 4).
ISBN : 2 - 266 - 01052 - 0

à Jean Delmond

Il est démontré par l'expérience des siècles que, dans la condition d'agriculteur, l'homme conserve une âme plus simple, plus pure, plus belle et plus noble.

Nicolas GOGOL

SOMMAIRE

1

MARCILLAC (CORREZE)

Si un jour, un de mes fils, vers l'âge de douze ans, m'explique avec sérieux que son plus grand désir est de choisir le métier de mineur de fond, sans doute serais-je aussi étonné que le fut mon père lorsque je lui fis part de ma vocation d'agriculteur.

Cet aveu le stupéfia ; c'est bien normal. Parlementaire, agent commercial, Parisien, il adorait vivre à la campagne quinze jours ou trois semaines par an, à condition toutefois de faire chaque jour un petit tour en ville pour acheter les journaux, d'user abondamment du téléphone, de recevoir un courrier de ministre et d'y répondre. Certes, il s'émerveillait d'un beau coucher de soleil, appréciait les couleurs de l'automne, jouissait, un temps, du calme et du silence, mais il était et resta toute sa vie un citadin type. Ce n'est pas péjoratif mais cela explique son effarement, ses réticences, ses doutes et ses inquiétudes lorsqu'il réalisa que ma vocation n'était pas une lubie.

Sans doute, aussi, avait-il caressé pour moi de plus grandes ambitions, envisagé une profession moins terre à terre. Il n'eut que plus de mérite à ne rien faire qui risquât de me dégoûter du métier choisi. Je dois lui rendre cette justice, il fit tout pour que j'acquière les bases du métier qui est toujours le mien. Nous verrons, plus loin, comment il m'aida.

Nous avons tous des ancêtres paysans. Les miens se perdent dans la nuit des temps et je n'en ai retrouvé nulle trace. Je relève un épicier, un garde-barrière, un médecin, un chef de gare, un agent voyer, des maçons, mais point de terriens.

Pourtant, il doit y avoir en moi quelques gènes de laboureurs. Les mêmes, peut-être, qui incitèrent mon arrière-arrière-grand-père maternel à acquérir en 1851 une cinquantaine d'hectares dans la région de Brive, au lieu dit Marcillac.

Mon aïeul ne connaissait rigoureusement rien à l'agriculture et n'exploita jamais. Mais le site, superbe, calme et giboyeux, lui plaisait beaucoup. Il se réserva le droit de chasse et confia à des métayers le soin de gérer l'exploitation. Opération d'une rentabilité douteuse si j'en juge par les comptes que je possède toujours. Néanmoins, cahin-caha, la ferme tourna, passa ainsi de père en fils et en petits-fils. Mais elle finissait par coûter cher, tellement cher que mon grand-père, excédé par les tracasseries et les factures issues de la propriété, vendit les meilleures terres et replaça aussitôt son gain dans le célèbre emprunt russe.

C'est à la demande de ma grand-mère — qui aimait beaucoup Marcillac et se méfiait peut-être des Russes — qu'il conserva les bâtiments ; une maison dite de maîtres, une pour les métayers, deux granges-étables et, alentour, 19,50 ha. C'était petit, maigre, pauvre, pentu, et les métayers coûtaient toujours aussi cher. Malgré tout, Marcillac survécut et échut un jour à ma mère.

Elle aussi aime la terre et la vie à la campagne. Lorsqu'elle avait vingt ans, son rêve était de poursuivre des études d'agronomie. Mais, en ce temps-là, il était malséant qu'une jeune fille de bonne famille travaillât. Son père, docteur en médecine — et pour libéral qu'il fût — ne concevait pas que sa fille pût étudier d'autres matières que le piano, le dessin, la cuisine et les belles-lettres. Libre aux disciples de Freud de penser que je suis la sublimation du désir de ma mère.

Ce qui me semble plus important, et concret, ce fut la décision que prirent mes parents, dans les années 25, de choisir Marcillac comme lieu de vacances. Désormais, pour mes frères et sœurs aînés il y eut, plusieurs mois par an, une sorte de retour à la terre ; j'en bénéficiai dès ma naissance. Cela ne justifie pas une vocation mais explique, un peu, son éclosion.

A la réflexion, c'est à la guerre que je dois mon orientation. Sans elle et les bouleversements qu'elle apporta dans ma famille, jamais sans doute je n'aurais ressenti cette attirance pour la terre, ce plaisir à la travailler, ce besoin d'y vivre.

Pour moi, l'influence de la guerre s'étale sur une douzaine d'années. Cinq ans de vie semi-paysanne passés à Marcillac, sept ans de vie citadine endurés à Paris. Sans Munich et ses suites, jamais ma famille n'aurait, dans un premier temps, pris ses campements d'hiver et d'été à Marcillac, jamais non plus elle n'aurait émigré à Paris dès 1945.

Le conflit jeta mon père dans la bataille. Résistance d'abord, captivité, puis politique. Les choix qu'il fit changèrent le chemin qui semblait être tracé pour nous. A savoir une vie banale, dans une petite ville de province. Pour moi des études normales, classiques avec, au bout, une quelconque profession. Pour nous tous, Marcillac et la terre seraient restés un agréable lieu de vacances, sans plus.

Mais les années que nous y passâmes pendant l'occupation imprimèrent en moi d'indélébiles et merveilleux souvenirs. J'étais à l'âge le plus malléable qui soit, celui de la réception, des découvertes, de l'émerveillement. La terre me conquit sans que j'en sois conscient, elle me marqua à vie. Il fallut cependant le contraste de mes sept années parisiennes pour que je découvre, un jour, où était mon chemin.

Et pourtant, Dieu sait si le Marcillac de guerre manquait de confort ! La maison n'était pas équipée pour l'hiver et la grande cheminée insuffisante pour réchauffer toutes les pièces. Nos chambres restaient glaciales et les bouillottes que nous glissions dans nos lits tiédissaient à peine les draps humides. Je conserve le souvenir des terribles engelures, des lèvres fissurées par les gerçures, des sabots de bois qui blessent le cou-de-pied. Nous n'avions pas l'eau courante, mais une source située à cent mètres de la maison, corvée d'eau et de toilette.

Souvenir encore du sentier que nous suivions à pied pour nous rendre parfois à Brive, douze kilomètres aller et retour. Mais souvenir aussi d'une vie libre, des longues promenades, des jeux bien sûr, mais également d'initiation à l'agriculture.

Mes parents avaient vite renoncé au ruineux système du métayage et choisi le tout aussi ruineux faire-valoir par domestiques. Ce dernier mode d'exploitation donnait au moins la liberté de décider du choix des cultures. Les métayers faisaient ce qu'ils voulaient, cultivaient comme bon leur semblait, assuraient ne rien gagner et présentaient les factures. Les domestiques, eux, écoutaient les directives de ma mère, travaillaient à leur guise, mais présentaient de toute façon les factures auxquelles s'ajoutait leur juste rémunération. Mes parents perdaient dans les deux cas. D'une façon obscure et sournoise dans le premier, franchement et librement dans le second, ce qui, avouons-le, est moins désagréable. La véritable raison de ce déficit permanent découlait de la vente des meilleures terres par mon grand-père ; la propriété était trop petite pour permettre une autre exploitation que le faire-valoir direct.

Mes parents ne pouvaient cultiver eux-mêmes, ils ne voulaient cependant pas laisser les terres à l'abandon, restaient donc les domestiques. Ils en prirent leur parti, estimant que les vacances passées à Marcillac justifiaient quelques sacrifices financiers.

Cette sordide histoire d'argent n'avait pour moi aucune espèce d'intérêt, elle n'existait pas. J'étais à cet âge heureux et trop bref qui ignore superbement la comptabilité. En revanche, m'attirait le travail à la ferme. Comprenons-nous bien, vu mon âge, ce que j'appelle travail n'était autre que celui de la mouche du coche. Mais une mouche têtue et infatigable qui supervisait tout et, par là, s'initiait.

A force de voir notre domestique lier les bœufs, labourer, faucher, semer, faire le bois, à force de regarder sa femme s'occuper des veaux, traire, attacher les vaches, j'appris la théorie dans ses moindres détails. Lorsque j'eus l'âge, et la taille, de passer à la pratique, le liage de nos bœufs, le Rouge et le Fauve — Roudze et Faoué en patois limousin — ne présentait aucun problème, les manchons du brabant étaient de vieilles connaissances, la faux une amie dont je connaissais le secret, le pas balancé du semeur une démarche instinctive. Quant aux vaches, j'ai l'impression d'avoir toujours su les traire. Je ne garde pas souvenir d'un tâtonnement maladroit ou d'une vaine pression des doigts sur un trayon rebelle, non, je vois le jet dru et droit qui gicle, le lait qui sonne et mousse dans le seau, et moi, haut comme trois pommes, trayant notre vieille Mignonne, bête paisible et calme qui méritait son nom.

Car, bien entendu, je connaissais le nom et l'âge de nos bêtes ; c'était facile vu leur nombre restreint. Nous possédions sept vaches et comme les clôtures étaient presque inexistantes, je remplissais souvent la fonction de « berger ». Tâche peu éprouvante mais pleine d'enseignements. Elle me laissait le temps et la liberté de courir les buissons et les bois, de grimper aux arbres, d'observer les oiseaux, de découvrir peu à peu la nature.

Ce fut pendant mes années d'enfance que je m'habituai, en terrien, au rythme des saisons. J'appris à apprécier chacune d'elles, sans préférence ; aujourd'hui encore je les aime toutes.

Si les hivers des années de guerre me marquent par leur rigueur, ils me rappellent aussi les châtaignes grillées, la merveilleuse chaleur et la couleur mouvante du feu dans l'âtre, l'approche facile des oiseaux engourdis par le froid, les longues promenades dans la neige et le pistage des renards et des fouines.

C'était aussi, vers la Noël, par grands froids, l'immolation du cochon que, naturellement, on baptisait Adolphe, avant-guerre on l'appelait tout bêtement un Ministre. Animal bien bichonné, gras à pleine peau, dont les hurlements, au matin du sacrifice, m'impressionnaient un peu, m'incitaient à une prudente observation. Des voisins venaient pour la cérémonie. Quatre hommes couchaient et maintenaient l'animal sur une échelle posée à terre — elle servirait de brancard — un cinquième homme, redoutable officiant, affûtait jusqu'à la dernière seconde un fin et long couteau et, d'un coup, plongeait la lame dans la gorge rose. Apothéose de braillements, ruades, coups de reins, jurons des aide-bourreaux secoués par les coups de pied, puis decrescendo lamentable, borborygmes caverneux, grosses bulles roses qui gonflent au bout du groin. Dans le même temps, long jet de sang bouillonnant dans la cuvette et qu'une femme touillait sans arrêt pour éviter sa coagulation trop rapide. Sang fumant qui promettait les boudins luisants et chauds dont nous nous régalerions. Derniers soubresauts de l'animal, ultimes tressaillements, silence. Je m'approchais alors.

Puis c'était le feu de paille où grillaient en pétillant les soies du porc qui de rose viraient au brun, dans une odeur un peu écœurante de chair roussie. Ensuite, sous mon regard admiratif, venait la savante découpe. Les gros jambons qui frémissaient encore un peu, les épaules, les côtes s'entassaient sur la table.

Les chiens, beaucoup trop intéressés, couinaient parfois sous les coups de sabot agacés du maître d'œuvre qui, d'une main sûre, dépeçait sa victime. Il était très pédagogue avec les gamins trop curieux qui gênaient ses gestes.

— T'as un couteau ? me demanda-t-il une fois.

Déjà pétant de fierté d'être ainsi invité au glorieux rôle de découpeur, je sortis mon canif.

— Donne que je te l'affûte.

Ce n'était plus la fierté qui éclatait en moi, mais l'immense orgueil de celui que ses mérites, jusque-là méprisés, viennent d'élever au plus haut rang. Je tendis mon couteau. Il le prit et aussi rapidement qu'il avait percé la gorge du cochon, l'enfouit dans l'orifice naturel qui se trouve sous la queue de tout animal normalement constitué.

— Ça évite les courants d'air, daigna-t-il m'expliquer.

Vexé comme un pou, mais beau joueur, j'acquiesçai en grimaçant un sourire. Mais, depuis, j'ai toujours obstinément refusé de prêter mon couteau pour découper un porc.

Rires et joies de ces matins d'hiver ; excitation de l'appétit aussi car, déjà, dans la cuisine flottait l'odeur de l'eau aromatisée où cuiraient les boudins. Et pendant plusieurs jours la senteur de la graisse qui fond, des rillettes qui mijotent. Souvenirs d'hiver...

Rien de comparable avec le printemps, pourtant c'étaient — et ce sont toujours — les odeurs qui m'indiquaient son arrivée. Odeurs souvent en contradiction avec le calendrier ou la température, mais fumets nouveaux, jeunes, oubliés depuis l'année précédente. Parfums montant de la terre mouillée par une pluie qui ne sent plus la neige, qui paraît chargée d'éléments fertilisants, eau tiède qui verdit les prairies et gonfle les bourgeons. Senteurs d'humus en fermentation, de sève, de fleurs. Le printemps, c'était aussi les labours luisants des terres bien assouplies par les gels, les rangées de petits pois qui, presque d'un coup, poussent à vue d'œil. Et partout les oiseaux et les nids.

Deux grands événements jalonnaient l'été, les foins et le battage.

J'adorais les soirs de fenaison lorsque, juché tout en haut de la charrette ronde de foin craquant, j'entrais triomphant dans la cour. A cette époque, je n'avais ni l'âge ni la force nécessaire pour aider les hommes et si je me fatiguais c'était en gambadant. Plus tard, vers les années 50, je mis la main à la pâte. Nous fauchions encore certains prés à la faux et mes retours, au soir, n'étaient plus triomphants. Je revenais vanné, mais pas dégoûté pour autant.

Quant au battage, c'était le grand jour de l'été, la réjouissance, le pantagruélique repas ; et le grain chaud qui s'amoncelait dans le grenier. Caniculaire et rude journée de battage où les hommes, j'en fis plus tard l'expérience, travaillaient comme des bêtes, s'éreintaient, mais se retrouvaient au soir, heureux et fiers, autour du tas de blé tiède ; et le grain coulait entre leurs doigts bourrelés de cals luisants. Battages de jadis, images d'Epinal dans ma mémoire.

Images que mes enfants ne connaîtront jamais. La vieille batteuse est crevée, ses dents ne mâchent plus que des toiles d'araignées, et les rats, le dernier grain croqué, ont déserté sa caisse. Et jamais non plus mes enfants ne pourront se souvenir d'avoir vu fabriquer le pain, le vrai pain de campagne. Celui qui, longuement pétri à la main, portait en lui quelques gouttes de sueur de l'homme qui avait travaillé la pâte.

Longtemps nous fîmes notre pain, c'était une cérémonie et un jour de liesse. Quoi de meilleur qu'une large tartine de pain frais recouverte de confiture maison ? Le vieux pétrin est toujours là ; jadis vivant et odorant, il recèle aujourd'hui un tas de vieilles paperasses inutiles ; c'est un meuble, mes enfants y font leurs devoirs et grattent, parfois, sans savoir ce que c'est, quelques bribes de très vieille pâte, dure et grisâtre comme du ciment.

Le four aussi est toujours là, il tombe doucement en ruine, il meurt de froid. Naguère nous l'allumions deux fois par mois, le chauffions aux fagots de genêts ; il possédait une capacité et un appétit d'enfer. Vite bouillant, il conservait pendant des heures la chaleur parfumée qui blondissait les tourtes et caramélisait les tartes à la confiture de prunes. Encore quelques années et il sera par terre, un four sans feu c'est un visage sans yeux. Nous ne faisons plus notre pain, d'ailleurs je ne saurais pas.

Tous ces actes, ces gestes immuables m'imprégnèrent ; ils étaient la vie de la ferme, ils jalonnaient les saisons, les années.

En été, je revois aussi les pruniers croulants de fruits auréolés de guêpes et de frelons, nous les affrontions, la gourmandise vainquant la peur. Je revois le cerisier énorme où mes frères et moi nous nous installions. Notre silence de dévoreurs méthodiques trompait les merles et les geais, ils nous rejoignaient parfois et repartaient en braillant, effrayés par ces épouvantails en culottes courtes qui crachaient des noyaux.

Les vendanges coïncidaient avec l'automne et, plus tard, avec la proche et sinistre rentrée à Paris. Mais pendant la guerre, c'était uniquement l'arrivée d'une nouvelle saison. Dans les jours précédents, flottait dans l'air une odeur de vieille vinasse qui s'échappait des barriques et de la cuve rincées à grande eau. On mettait les comportes à gonfler dans la mare, on préparait les paniers.

Matins de vendanges où l'on s'empiffrait de grappes ruisselantes de rosée. Mais, très vite, les guêpes et les frelons arrivaient, le soleil tapait dur ; le travail devenait beaucoup moins drôle. Souvent je m'échappais, courais jusqu'à la ferme et buvais à pleins verres le jus sucré, rouge et poisseux qui, peu à peu, emplissait la cuve. Je savais qu'il fallait profiter de l'aubaine car, dès le lendemain, le jus aurait changé de goût.

Il y a longtemps que je n'ai pas vendangé. Un de mes premiers travaux, lorsque je repris la ferme, fut d'arracher la vigne. J'ai la faiblesse de n'aimer que le bon vin, nos plants, notre situation, notre terre, un mauvais système de vinification, nous donnaient une affreuse piquette à laquelle je n'ai jamais pu me faire. J'ai arraché la vigne, les voisins m'ont regardé d'un sale œil, pour eux, j'étais sacrilège.

Avec l'automne venaient aussi les cèpes et les premières châtaignes, elles tombaient avec les gelées blanches. Je parcourais les bois à longueur de journée à la recherche des succulents bolets, des girolles, des clerges. Je découvris ainsi les « bons coins » ; certains existent toujours et, à la saison, je les visite avec la même joie, le même enthousiasme qu'il y a trente ans.

Ainsi s'écoulèrent mes premières années. Certes, je n'eus pas une enfance de petit paysan, et ce d'autant moins que nous ne passâmes pas toute la guerre à Marcillac, mais il suffisait que j'y revienne, pendant une semaine ou quatre mois, pour retrouver aussitôt un mode de vie, un emploi du temps très proches de ceux des jeunes ruraux.

Je sais, aujourd'hui, que toute cette période me permit de connaître une agriculture archaïque, historique même. Une agriculture qui, par bien des côtés, était semblable à celle pratiquée voici quinze siècles. Lorsque le domestique et moi fauchions à la main et moissonnions le blé noir à la faucille, nous accomplissions des gestes qui, depuis des siècles, d'année en année, avaient été accomplis par nos prédécesseurs. Même balancement de tout le corps pour animer la faux, lui donner ce grand coup d'aile qui fait chanter l'herbe et la tranche ; même enlacement avec la gerbe que les bras ceinturent, que le genou maintient pendant que les poignets torsadent le lien et le nouent.

Cette agriculture est révolue et il serait ridicule de le regretter, mais il serait tout aussi ridicule et dangereux d'en renier les côtés positifs et toujours vivants, de croire que le machinisme, la gestion, la chimie, les théories, la technique sont suffisants pour bien conduire une exploitation.

De cette vieille agriculture, il faut conserver un certain esprit, celui qui donne la patience, l'entêtement, l'obstination, qui rappelle à l'homme que, quels que soient ses connaissances, son matériel et tout son bagage professionnel, il reste et demeurera à jamais impuissant devant certains phénomènes naturels. Rien ni personne n'arrête une tornade, nul ne peut empêcher qu'un troupeau soit foudroyé, qu'une bête se casse une patte. C'est alors qu'il faut retrouver cet atavisme de terrien, cette espèce d'acceptation paisible de l'événement qui n'est pas du fatalisme résigné ou du défaitisme, mais la pleine conscience de son impuissance devant certains faits, de sa faiblesse d'homme.

Il est sain, et je crois indispensable, d'avoir toujours à l'esprit que nous ne pouvons pas vaincre la nature. Nous l'apprivoiserons de plus en plus, nous la domestiquerons, c'est bien, nous sommes là pour ça, mais jamais nous n'en serons les maîtres au sens rigoureux du terme. Un jour viendra où un événement, tout ce qu'il y a de plus naturel, nous remettra à notre juste place, les pieds sur terre.

Nous percevons, périodiquement, les signes de ce rappel à l'ordre. Sécheresse au Sahel, latérite qui gagne en Afrique, terre arable qui part en poussière çà et là. Ces manifestations sont logiques, normales, elles sont, sur une échelle mondiale et dans des formes exceptionnelles par la taille, la gigantesque reproduction de ce à quoi doit s'attendre un agriculteur.

Nous verrons plus loin les « accidents » qui jalonnent ma vie professionnelle. Si j'ai pu les accepter comme ils se présentaient, c'est-à-dire avec ennui et parfois lassitude mais sans vaine colère, c'est peut-être parce que j'ai connu et aimé cette vieille agriculture, cette ancêtre. Sa fréquentation a un peu pallié ma carence congénitale, à savoir mes origines citadines.

Je ne garde pas souvenir d'avoir jamais aimé vivre longtemps en ville. Très tôt elle m'apparut comme une espèce de prison étouffante.

Pourtant, le Brive d'il y a trente ans n'avait rien d'inhumain. C'était une gentille cité de retraités, elle était paisible et accueillante. Lorsque nous y vivions, nous habitions une agréable maison — beaucoup plus confortable que celle de Marcillac — qu'entourait un beau jardin ; il y avait même des arbres et le quartier était très calme. Malgré cela, la seule existence parfaite à mes yeux était celle que nous avions à Marcillac.

Sans doute mon goût pour la nature était-il déjà très prononcé. Je n'aime pas poser les yeux sur des immeubles, ça me choque et je me représente toujours ce que serait le site sans la présence des maisons. Paris devait être bien beau quand on labourait la colline de Chaillot, quand les vaches broutaient dans les prés de Saint-Germain, quand les grives sifflaient dans les vignes de Montmartre.

Cependant, mon attirance pour la campagne n'explique pas tout ; il ne faut pas négliger l'ambiance oppressante de la guerre que je ne ressentais vraiment qu'à Brive.

La ville, c'était les troupes allemandes, les contrôles, les barrages, le couvre-feu. C'étaient les Géorgiens et leurs chevaux stationnés derrière la gare et au milieu desquels nous devions passer pour aller à pied à Marcillac. Je leur trouvais des mines patibulaires, à ces occupants, ils me faisaient peur. Jugement purement subjectif entretenu par un climat de guerre ; en effet, lorsque trois ou quatre kilomètres plus loin nous rencontrions les maquis, tout aussi patibulaires — certains avaient vraiment des gueules incroyables ! — ils ne m'effrayaient pas du tout, peut-être parce qu'ils sentaient la campagne et la terre.

Brive, Marcillac, d'un côté la guerre, de l'autre, sinon la paix du moins la trêve. D'une part la vie banale d'un petit provincial, de l'autre l'existence exubérante d'un gamin lâché dans la nature, et quelle nature ! Comment dans ces conditions aurais-je pu aimer vivre en ville ?

D'aucuns me rétorqueront que je ne voyais alors que le beau côté. C'est tout à fait exact et lorsque, la guerre finie, nous partîmes vivre à Paris, je n'emportai que de merveilleux souvenirs et l'idée puérile que la vie à Marcillac était l'exacte réplique du Paradis terrestre.

Cela dit, à la même époque, je caressais l'originale idée d'être un jour aviateur, on voudra bien reconnaître que c'est assez éloigné de l'agriculture.

Je trahirais la vérité en dissimulant la joie qui fut la mienne lorsque j'allais à Paris pour la première fois. Il y avait tant de choses à voir ! Tout nouveau tout beau, en peu de temps j'évoluai dans la capitale comme un poisson dans l'eau.

Ce ne fut que petit à petit, au fil des mois, que l'ennui me gagna. Mais, dans les débuts, ce fut l'émerveillement. Je m'intégrai à la vie parisienne. Si, peu à peu, elle me rebuta, j'y passai néanmoins sept ans avec autant d'aisance, d'activités, de distractions que n'importe quel petit Parisien. Comme tout un chacun, je fis du patin à roulettes sur les trottoirs et mon voilier passa maintes fois le cap Horn dans le bassin des Tuileries.

Si le métro eut des secrets pour moi, ils furent brefs et vite décelés. A huit ans, j'effectuais, presque les yeux fermés, le trajet de Solferino à Passy ; j'ai toujours le souvenir de l'interminable changement à Pasteur et l'intéressant périple aérien qui débute après cette station.

En fait, et c'est paradoxal, moi le Briviste, j'ai vécu beaucoup plus longtemps à Paris qu'à Brive. Je connais bien la capitale, j'ai fait son exploration à un âge où tout s'imprime. C'est à Paris que j'ai découvert l'école et c'est là que, pour la première fois de ma vie, on me traita de paysan.

Le jeune crétin qui m'interpella de la sorte pensait m'insulter. Tout au plus me laissa-t-il perplexe. D'abord, parce que je n'avais jamais considéré qu'il fût déshonorant d'être paysan, ensuite parce que je ne me sentais pas concerné. J'étais Briviste et je voulais être aviateur, alors ?

Si je conserve de très bons souvenirs de ma vie dans la capitale, je garde aussi cette espèce d'oppression latente qui m'étouffait lentement, qui devint intolérable. Aujourd'hui encore lorsque, parfois, je fais un saut à Paris, l'oppression me reprend dès que je débarque sur le quai d'Austerlitz. Je me raisonne et réfrène l'instinct qui me pousse, comme jadis dans les couloirs du métro, à me mettre au pas fébrile et dément des Parisiens.

Que diable ! J'ai le temps ! Il n'est déjà pas drôle de passer quarante-huit heures dans cette cohue infernale, si, en plus, il faut en prendre le rythme ça tourne au cauchemar ; alors du calme et pas de panique. Et tant pis pour le métro que je manque et que m'importe les coureurs affolés qui me bousculent. Je refuse d'entrer au pas de course dans cette fosse aux lions. Je veux bien, en dilettante, effectuer un petit tour de piste, mais de la démarche sereine de celui qui se sait absolument incomestible. Paris ne dévore que ceux qui le veulent bien. Je ne l'oublie pas. J'ai toujours le souvenir du sale goût qu'avait pour moi l'existence dans cette ville puante. Un sentiment bizarre, fait d'ennui, de cafard, une sorte d'inappétence, pour ne pas dire un profond dégoût de la vie qui était alors la mienne. Vie en tout point semblable à celle de centaines de milliers de petits Parisiens qui eux ne semblèrent jamais atteints du même mal. Mon cas était sans aucun doute incurable.

La rentrée des classes n'est jamais drôle, du moins pour un enfant normal. Je n'étais donc pas le seul à subir sans joie ces matins d'octobre qui sentent l'encre fraîche et les pupitres encaustiqués ; mais à cet ennui, somme toute naturel, s'ajouta très vite la certitude que je perdais mon temps, que je n'étais pas à ma place. Et j'y étais d'autant moins que, je le pressentais déjà, jamais je ne bâtirais ma vie à Paris. Je ne savais pas encore ce que je ferais plus tard (l'aviation avait capoté très rapidement), mais j'étais déjà certain que ce serait ailleurs, n'importe où pourvu que ce ne fût pas à Paris.

Des études « soutenues » dans un tel état d'esprit ne peuvent guère être brillantes. Je suivais le train, cahin-caha. C'était insuffisant pour mon père qui me changea d'école. Peine perdue, c'est de changement d'air dont j'avais besoin.

Dès le retour des vacances je comptais les jours qui me séparaient des prochains congés. Ce n'était d'ailleurs pas spécialement les vacances en tant que telles auxquelles j'aspirais, c'était le retour à Marcillac, chez moi, dans mes bois ; le contact de mes pieds nus avec la terre, les séjours enivrants en haut des arbres et la caresse rugueuse de leur écorce qui griffait ma peau. C'était l'air, le vent, les odeurs, tout.

Déjà Brive ne m'attirait pas, ce n'était qu'une ville...

Vint le temps où je m'intéressais concrètement aux travaux de la ferme, à la nature, à la faune. Plus jeune, j'aimais tout cela d'instinct, sans chercher à savoir pourquoi. En grandissant je découvris la satisfaction que procure l'accomplissement d'un acte pour lequel on se sent fait.

Actes banals et de petite portée, comme de se prouver, un jour, qu'on est capable de lier les bœufs et de conduire le tombereau. Que la faux, jusque-là interdite car trop dangereuse, se trouve très bien entre vos mains et vole. Que les vaches, dont vos bras trop courts ne pouvaient jusque-là entourer le cou, se laissent paisiblement attacher, parce que vous avez grandi, que vous savez faire, qu'elles vous respectent. Que, le jour du battage, les hommes vous laissent prendre une fourche pour dégager la paille battue et vous offrent à la pause, un demi-verre de vin frais. Que le domestique vous permet de le suivre le jour où il conduit une vache au taureau. Que vous pouvez, à coup sûr, reconnaître le blé du seigle, la luzerne du trèfle. Que les arbres se personnalisent et qu'il faut être ignare pour ne pas départager, à l'odeur, une feuille de chêne d'une de frêne. Que les oiseaux méritent d'être connus, classés par espèce, observés pendant des heures. Que tout cela, et bien plus encore, vous pouvez, savez et aimez le faire.

Est-il besoin de préciser que ce n'est pas d'un cœur joyeux que je réintégrais Paris à la fin des vacances. Une seule piètre consolation, la certitude d'en connaître beaucoup plus que mes camarades sur tout ce qui touchait la nature, mais ces sujets ne passionnaient que moi. Oui, ils me passionnaient et déjà je savais qu'un jour mon métier serait en rapport avec la campagne.

Dans un premier temps, je me vis poursuivant des études classiques et, ensuite m'orientant vers une branche agricole. A cette époque, il était peu question d'écologie ou d'ornithologie ; j'aurais aimé pratiquer l'une ou l'autre. Mais c'étaient alors des voies réservées à une minorité de vieux savants, ça ne ressemblait pas à un métier, mais à un passe-temps, du moins le croyais-je. En revanche, l'agronomie était ouverte. Mais je compris vite que cela me condamnait à passer plusieurs années encore à Paris, et ça, c'était franchement intolérable.

Je commençai alors à envisager une autre solution, celle de l'école d'agriculture. J'avais douze ans et j'étais en sixième classique lorsque j'annonçai les couleurs au cours d'une scène, d'une rare violence, qui m'opposa au directeur de l'établissement que je fréquentais alors.

On m'avait convoqué pour fournir quelques explications sur un travail scolaire peu brillant, je l'avoue.

Bientôt le sermon du directeur dégénéra sur le triste sort qui attendait les paresseux de mon espèce. Persuadé d'être en face d'un cancre incurable, incapable d'avoir la moindre idée au sujet de son avenir, il me demanda d'un ton narquois ce que je comptais faire plus tard.

— Agriculteur ! dis-je rageusement.

C'était tellement inattendu, tellement peu en rapport avec le métier de mon père et mon milieu familial que le directeur prit ma réponse pour une insolence, presque une insulte. La suite fut pénible et ce, d'autant plus que je m'entêtai.

Vicieux et mauvais comme peuvent l'être des adultes en face d'enfants rebelles, le directeur changea de tactique. Il savait, par mon père, que ma hantise était d'être mis en pension. C'était la menace perpétuelle, elle planait, surtout en fin de semaine à l'arrivée du bulletin de notes ; j'en redoutais l'application.

Patelin, sûr de son méchant coup, fier de sa botte secrète, le directeur me parla doucereusement d'une école de bergers tenue par l'ordre auquel il appartenait. Naturellement, il s'agissait d'un pensionnat, la vie y était dure, la discipline rigoureuse, les professeurs impitoyables ; il avait presque pitié de moi, il savait, lui, ce qui m'attendait là-bas... Alors, étais-je toujours d'accord ?

Non ! et loin de là ! Je voulais être paysan, pas berger, qu'est-ce que c'était que ce mélange !

Il triompha, j'étais vraiment incurable. La preuve, il me proposait son aide pour réaliser mon souhait et je refusais !

Je pense que, dans son idée, tout ce qui sentait la

terre devait être mis dans le même sac, comme quelque chose d'un peu sale ; qu'il était déshonorant pour un garçon bien né de borner ses ambitions à une si basse altitude, il fallait vraiment que je sois pervers !

Je vis le mépris dans son regard. Le mépris implacable de certains intellectuels pour tout ce qui est manuel. Ces intellectuels dont Bernanos disait : « qu'ils sont si souvent des imbéciles qu'on devrait toujours les tenir pour tels jusqu'à ce qu'ils nous aient prouvé le contraire ». Comment ! On vous donne la possibilité de vous élever, par l'esprit, au-dessus du tout-venant, de la roture, de la plèbe, et vous choisissez la plus basse classe qui soit, celle des culs-terreux, des glaiseux, des bouseux ! Fi donc mon cher ! Brisons là, nous ne sommes pas du même monde !

Depuis, j'ai souvent eu l'occasion de lire sur le visage d'un vis-à-vis cette incommensurable commisération qui dissimule très mal un superbe dédain. Un temps cela me gêna et je crus bon, à chaque occasion, d'essayer d'atténuer la rigueur de ce jugement. C'était vraiment perdre mon temps. Je sais aujourd'hui que certains fossés sont sans fond, il est bien inutile de vouloir les combler.

Il m'arrive encore, parfois, de rencontrer chez certains interlocuteurs cette espèce de retrait instinctif qui s'ébauche dès que j'annonce ma profession ; manifestement, ils me plaignent de tout cœur, ils souffrent, ils espéraient autre chose ; n'importe quoi, mais pas ça ! Ils m'en veulent, aussi, car ils ne me pardonnent pas de les avoir trompés. Aucun d'eux n'a, jusqu'à ce jour, su déceler d'emblée le rural que je suis, aussi tombent-ils de haut. Je perturbe l'idée qu'ils ont du paysan, lequel, pour eux, reste et restera un quasiillettré, un individu fruste, qui peut être truculent et sympathique, mais demeure un croquant, une sorte d'indigène aux mœurs mystérieuses, un genre de barbare...

Est-il besoin de dire que mes relations avec ces gens-là sont éphémères, le courant ne passe pas entre nous et ne passera jamais. Ainsi ne s'établit-il pas entre mon directeur d'école et l'entêté que j'étais. Rien de bon ne sortit de notre orageuse entrevue. Mon père ne crut pas un seul instant à ma vocation et me conseilla vivement d'abandonner une idée aussi stupide. Faute de quoi, il m'expédierait faire mes études au pensionnat où lui-même avait passé ses jeunes années. Je connaissais cette sinistre caserne et n'avais nulle envie d'y entrer comme recrue, mais la menace pesait sur mes épaules. Mon père la laissa suspendue mais me donna une dernière chance, il me changea d'école. J'entrai en cinquième classique et me tins coi pendant trois mois.

Ce fut pendant le deuxième trimestre que le soleil me poussa à l'attaque. Sur le boulevard Saint-Germain, où je passais pour aller à l'école, les arbres, malgré leurs grilles, leur crasse et leur anémie, jouaient le jeu et leurs feuilles perçaient. De ma classe, j'apercevais sur le toit de zinc, de l'autre côté de la cour, des moineaux qui se battaient avant l'accouplement. Le printemps réveillait Paris, il m'insuffla sa force.

Un an s'était écoulé depuis l'aveu qui avait tant scandalisé mon ancien directeur. Un an pendant lequel mon projet avait mûri. Cette fois j'étais sûr de moi, assez sûr pour attaquer de front et emporter la victoire. J'expliquai à mes parents que j'étais d'accord pour aller en pension, à la seule condition que ce soit dans une école d'agriculture...

Rien ne pouvait mieux ébranler mon père que ce volontariat à l'internat ; il m'en avait souvent menacé, savait que j'en redoutais l'exécution. Il comprit que j'étais sérieux puisque, de moi-même, sans y être forcé, je demandais l'épreuve.

Ma mère fut très vite mon alliée, pourtant ce n'était pas de gaieté de cœur qu'elle envisageait mon départ. Mais, je l'ai dit, elle aime la campagne et comprit ce qui me poussait.

Mon père fut réticent pendant plusieurs mois. Réaliste, il voulut voir si ma vocation résistait à l'épreuve du temps, il eut raison. Longtemps il pensa que je traversais une période de romantisme. Certains de ses amis, à qui il parla de mon projet, lui conseillèrent vivement de me remettre au pas, de m'obliger, bon gré mal gré, à abandonner une lubie vraisemblablement engendrée par le désir incongru de rejoindre Marcillac dans le seul but de faire de la poésie au milieu des bruyères. Car, et je ne m'en cachais pas, si je voulais devenir agriculteur c'était pour m'installer à Marcillac.

Voilà bien ce qui faisait hésiter mon père. Marcillac, c'était tellement petit, tellement pauvre ! En admettant même que je supporte la contrainte du pensionnat — ce dont il douta longtemps —, que je persiste, serait-il raisonnable et rentable de reprendre la ferme ?

Je comprends les soucis que lui causa mon désir, ils étaient justifiés. Il attendit donc plusieurs mois avant de donner son accord. Mais, je le redis, jamais il n'essaya de me dégoûter. Mieux, dès que sa décision fut prise — et je sais qu'elle lui coûta —, il se mit à la recherche d'une bonne école d'agriculture. Il voulut que j'acquière de solides bases, tant pour mon futur métier que pour ma formation générale, en somme que ma culture ne soit pas à la seule altitude d'un labour.

Il fut vite séduit par l'Ecole d'agriculture de Lancosme, moi aussi.

2

LANCOSME-EN-BRENNE

Oui, séduit, et d'emblée. Pourtant ce ne fut pas toujours drôle, loin de là, surtout la première année.

Le cycle d'études s'étalait alors sur trois ans. Le travail était équitablement réparti entre la pratique et la théorie. A cette dernière s'ajoutait un programme simplifié (absence de langues) de matières de base.

Les élèves se répartissaient en trois classes, une par année d'ancienneté, cela pour tout ce qui avait trait au travail intellectuel. En revanche, pour les travaux pratiques, nous nous retrouvions par équipes. Ces petits groupes, patronnés d'une main ferme par les anciens, recevaient à tour de rôle, et pour deux semaines, la charge de l'étable, de l'écurie, de la porcherie, du jardin, du verger ou du garage. Par période, ils travaillaient aussi à l'atelier (menuiserie, forge, etc.). Toutes ces activités étaient supervisées par des moniteurs qui veillaient à la bonne exécution des divers travaux.

Il va de soi que les corvées de ferme devaient, le matin, être effectuées avant l'étude. Les membres de l'équipe responsable des animaux devaient donc sortir du lit une bonne heure et demie avant les autres élèves. Ce n'était pas toujours gai, surtout en plein hiver et, à plus forte raison, lorsqu'on était en première année.

Suivant la tradition, les tâches les plus rebutantes étaient réservées aux « bizuths ». Pauvres bleus ! A eux le soin de sortir le fumier, d'étriller les vaches — sans oublier un taureau très susceptible —, de nourrir le verrat — un monstre sournois —, de panser les chevaux, de ratisser les abords, de balayer les recoins, en somme d'effectuer au mieux le travail d'un garçon de ferme.

Je dois dire que cette forme de pédagogie était remarquablement formatrice. Nous étions là pour devenir des agriculteurs, nous en apprenions le métier par sa base.

Je crois qu'aujourd'hui, rares sont les écoles d'agriculture qui ont conservé le système du vrai travail pratique ; beaucoup se sont mises au goût du jour de l'éducation moderne, laquelle s'emploie à fabriquer des crétins satisfaits qui brandissent fièrement leurs diplômes et leurs fiches d'inscription au chômage. Certes, les futurs agriculteurs s'initient au manuel mais, dans bien des cas, c'est pour rire, ça ne compte pas, les gros travaux sont effectués par une main-d'œuvre salariée. Les élèves, libérés de cette contrainte, consacrent à la théorie une part beaucoup plus importante.

Et pourtant, nombreux sont les jeunes qui veulent mettre la main à la pâte. Lorsque les élèves du Lycée technique agricole de Brie-Comte-Robert se révoltèrent en mai 1974, ce fut surtout pour obtenir le droit d'apprendre à se servir et à travailler avec des machines et des engins dont on leur vantait l'efficacité sans pour autant leur laisser la possibilité d'en connaître le maniement.

Loin de moi l'idée de condamner la théorie, je suis

placé pour savoir qu'elle est indispensable et qu'un bon agriculteur ne peut s'en passer. Mais je sais aussi, par expérience, que l'apprentissage du travail manuel est d'une grande importance. Je pratique un métier qui, chaque jour, dimanches et fêtes compris, réclame sa part de sueur et d'humbles travaux. Ce n'est pas à Lancosme que j'ai appris à traire, je savais depuis longtemps ; en revanche, j'y ai concrètement découvert que l'on est au service de ses bêtes, qu'elles réclament chaque jour, aux mêmes heures, les mêmes soins.

Ce n'est pas en théorie que j'ai appris qu'il ne faut jamais surprendre une vache ou un cheval, c'est quand j'ai reçu un coup de sabot qui m'expédia au bout de l'étable.

On peut apprendre, dans les livres, qu'un verrat d'un certain âge est un animal dangereux, un fauve. Je ne l'ignorais pas lorsque, alors jeune bleu, on m'expédia nettoyer la loge du monstre de 400 et quelques kilos que nous avions à Lancosme. Je me méfiai, mais pas assez. Il s'en fallut d'une fraction de seconde qu'il ne me broie une jambe d'un coup de gueule. Je sautai dans l'espèce de grenier qui surplombait sa cage ; il m'y laissa vingt minutes, le temps que je comprenne que je ne pouvais descendre qu'en lui faisant face. Je sais, depuis, qu'il ne faut jamais tourner le dos à ce genre de bête. Aucun manuel ne me l'aurait aussi bien inculqué que ce maudit verrat.

Il est aussi très utile d'étudier, par exemple, au tableau, le réglage d'une charrue ou d'une barre de coupe, il est même bon de recopier les croquis ; mais c'est tout à fait insuffisant si, dès le cours fini, on ne va pas sur le terrain pour vérifier si la théorie s'ajuste à la pratique.

Je pourrais citer des exemples pendant des pages,

ce serait fastidieux. La preuve n'est plus à établir qu'on ne devient pas agriculteur par la seule étude intellectuelle. On devient autre chose, ingénieur agricole, agronome, chercheur, mais pas chef d'exploitation, ou alors il faut avoir les moyens de s'offrir un bon chef de culture qui lui sait se baisser.

A Lancosme, rien de ce qui touche la vie d'une ferme ne nous était étranger, pas même la basse-cour. Nous n'échappions à aucun des travaux qui sont le lot du métier. Peut-être me rétorquera-t-on que quinze jours d'arrachage de topinambours ne sont pas indispensables pour savoir extraire lesdits tubercules. De même, point n'est besoin de sarcler pendant deux semaines pour acquérir une bonne pratique. C'est vrai. Mais ces labeurs, qui nous brisaient les reins et allumaient des ampoules dans nos paumes, qu'étaient-ils d'autre que la modeste préfiguration de ce qui nous attendait dans nos fermes futures ?

Il en était de même pour toutes les corvées, et toutes je les ai retrouvées quand je me suis installé à Marcillac. Mais je les connaissais bien, aussi ne m'ont-elles ni surpris ni rebuté. Il n'en eût pas été de même sans la pratique imposée à Lancosme.

Au début, surtout pendant ma première année d'école, il m'arriva de trouver saumâtres et ennuyeux certains aspects de mon apprentissage. Mais jamais, même pendant les pires corvées, je ne regrettai mon existence à Paris ; jamais l'idée ne m'effleura de rentrer sagement au bercail familial pour y reprendre une vie de petit citadin.

Je me plaisais à Lancosme, j'y étais dans mon élément. L'emploi du temps me convenait très bien ; de plus, et c'était capital, nous étions en pleine nature. En pleine Brenne, dans une contrée sauvage, marécageuse et boisée avec, par places, d'immenses champs ou pâtures et des landes de bruyères et d'ajoncs ; une des régions de France la plus riche en oiseaux.

Je n'avais jamais fréquenté d'école de campagne et, habitué aux tristes salles des établissements parisiens, aux cours minuscules, aux préaux sombres qui puaient les latrines, je fus émerveillé, le mot n'est pas trop fort, de me retrouver devant un pupitre en pleine forêt. De ma place, je voyais des arbres où se poursuivaient des écureuils, des buissons pleins d'oiseaux, des champs où travaillaient les camarades. Parfois, lancé à toute allure, un bouvreuil ou une mésange venait s'assommer contre les vitres de la classe.

Dans de pareilles conditions les études prenaient une bonne saveur ! Le soir, au dortoir, ce n'était plus le roulement sourd du métro qui ébranlait les carreaux, mais le vent. Plus de sirènes lancinantes des ambulances ou des cars de police, mais le cri des chevêches ou l'appel des hiboux.

A l'aube, le chant du coq et des oiseaux remplaçait, avec bonheur, le grincement lamentable du premier autobus de la ligne 69 qui s'arrêtait à Paris sous ma fenêtre.

Plus de cours exiguës ni de préaux, mais des hectares, des milliers d'hectares de bois. Je ne pouvais rien demander de mieux.

Outre le bagage professionnel que m'apporta mon séjour dans cette école, il m'ouvrit aussi les yeux sur d'autres horizons, sur une forme d'agriculture dont, jusque-là, j'ignorais l'existence. Je connaissais la petite agriculture ancestrale, celle de ma Corrèze natale ; je découvris dans l'Indre la grande agriculture moderne.

Pourtant, je m'en suis rendu compte depuis, la ferme de Lancosme n'était pas à l'avant-garde comme je le crus à l'époque, c'était Marcillac qui se situait à l'arrière-garde.

L'agriculture pratiquée à Lancosme était contemporaine, sans plus, mais cela suffit pour me faire comprendre que mes modestes connaissances en la matière étaient pour le moins vieillottes et périmées. Je fis les comparaisons qui s'imposaient.

D'un côté des champs minuscules, au sol maigre, usé par des siècles de polyculture anarchique et des façons culturales désastreuses. Par polyculture anarchique j'entends, entre autres, la non-observation — ou l'ignorance — du B. A. BA de l'agrologie, à savoir le choix et l'application d'un bon assolement-rotation. L'assolement-rotation est la succession d'année en année des différentes cultures. Il doit être établi en tenant compte d'une part des exigences des plantes choisies — le blé plus gourmand prendra donc place avant l'avoine —, d'autre part de leur système radiculaire qui ne puise pas les éléments fertilisants dans les mêmes couches du sol.

Par façons culturales désastreuses je pense, par exemple, à cette habitude contractée du temps de l'araire — cette charrue gauloise sans avant-train —, qui consistait à labourer les champs escarpés en suivant leurs pentes naturelles. Poursuivie à l'ère du brabant — charrue à avant-train et à socs reversibles, inventée au siècle dernier par un chercheur de la province de Brabant —, cette déplorable manie expédia, au cours des siècles, des milliers de mètres cubes de terre arable au fond des vallées.

En effet, l'eau de pluie au lieu de s'infiltrer et d'être retenue par des sillons perpendiculaires au profil du champ, ruisselle, ravine, suit le chemin ouvert par le labour.

En face de ces pratiques empiriques, je vis le visage moderne de l'agriculture. Grands champs bien entretenus, rotation rationnelle des cultures, fertilisation par l'apport d'engrais, emploi de semences sélectionnées et aussi, à l'opposé de notre paisible attelage de bœufs, machinisme, tracteurs, presses à fourrage, moissonneuses-batteuses, etc.

Je compris aussi que les réticences et les inquiétudes de mon père étaient justifiées. Les 19 hectares 50 ares sur lesquels je comptais m'installer un jour ne représentaient pas grand-chose, pour ne pas dire rien, en face des propriétés de 150 à 200 hectares de l'Indre. A Marcillac, notre plus « grande » terre couvrait à peine 1 hectare, exactement la surface du jardin potager de Lancosme... Une des « parcelles » de l'école couvrait 40 hectares, plus de deux fois Marcillac... Quant aux rendements, mieux vaut n'en point parler, ils étaient du simple au quadruple !

En bonne logique, de semblables constatations auraient dû me détourner de mes projets d'installation sur une ferme aussi petite que Marcillac. Il n'en fut rien, mais ce que je vis m'obligea à rechercher et à étudier un mode d'exploitation et de production adapté aux possibilités de mes futures terres. J'écartai d'emblée toutes productions céréalières et ce pour plusieurs raisons.

Les céréales, mis à part peut-être le seigle, exigent un sol riche, profond, une importante fumure organique ou chimique, un climat propice et, pour une utilisation rentable des machines, de grands champs plats. Ma vie à Lancosme me força à reconnaître que Marcillac ne remplissait aucune de ces conditions.

Le sol, auquel je n'avais jusque-là apporté qu'un modeste intérêt, persuadé qu'il n'était ni plus ni moins bon qu'ailleurs, m'apparut tel qu'il était, c'est-à-dire d'une effrayante pauvreté.

Terre arable très siliceuse, peu profonde avec, par endroits, soit des plaques de glaise redoutable — plus propice à la briqueterie qu'à la culture — soit des dalles de grès complètement stériles. Le tout se révélant par surcroît très acide, comme me le démontrèrent quelques analyses de terre. Qu'on en juge.

Le P.H., étalon de mesure, est en bonne terre voisine de 7, celui de Marcillac était proche de 4. Je fus effaré, surtout lorsque je réalisai que l'apport annuel de fumier dans nos champs contribuait à accroître un tel état de choses. En effet, comme beaucoup de régions pauvres, nous employions pour la litière des bêtes, des feuilles de châtaigniers, de la bruyère, des ajoncs, des fougères, tous ces végétaux très acides qui, implacablement, ne peuvent donner au sol que ce qu'ils possèdent c'est-à-dire surtout leur acidité.

Si l'on rajoute à ce tableau peu flatteur de nos terres, une grande sensibilité à la sécheresse (il n'y a pas de miracles dans la nature. L'eau, pour rester dans le sol, se fixe grâce à l'humus et à la profondeur du sous-sol. Une terre acide ne favorise pas la formation de l'humus, si, en plus, elle repose sur du rocher, quinze jours de chaleur viennent à bout de ses maigres réserves), et la taille exiguë de nos champs, on comprendra que les céréales ne puissent être sérieusement envisagées comme source de revenus. Je n'y pensai donc plus.

J'écartai aussi l'arboriculture, on ne crée pas un verger de rapport en plantant les arbres dans du rocher creusé à la barre à mine.

Inutile aussi de songer à la culture maraîchère, elle

demande des sols très riches et aussi de l'irrigation ; je ne possédais ni le terrain adéquat ni la possibilité d'installer un système d'arrosage.

Alors, que me restait-il ? Pas grand-chose, mis à part l'optimisme. J'en avais. Mes yeux s'étaient ouverts sur la réalité, celle-ci, en dépit des apparences, n'était pas aussi noire que le laisse supposer le précédent tableau. Certes, plusieurs options m'étaient interdites par la force des choses mais il en restait au moins une que je pouvais choisir : la production de la viande et, dans cette spécialisation, plus précisément celle du veau de lait.

Si mon ouverture sur la grande agriculture m'avait presque donné des complexes, il restait un domaine où la comparaison jouait en ma faveur. Habitué aux veaux limousins, blancs, culards, superbes (je détaillerai plus loin leurs caractéristiques), je trouvai pour le moins minables les spécimens que je vis dans l'Indre. Pour être franc il y en avait peu, ce n'était pas une spécialisation de la région. Les races des différents troupeaux et leur destination (lait ou bœufs) ne se prêtaient pas à l'élevage du veau. Ceux que nous élevions à l'école étaient ce que nous appelons chez nous des « boucs » ou des « lions » (ne pas confondre avec le veau dit de Lyon !), qualificatifs très péjoratifs qui désignent les animaux nerveux, à viande rouge, qui ont manqué de lait maternel, qui commencent à brouter, bref, la dernière qualité. Je me sentais capable de produire beaucoup mieux un jour grâce aux vaches limousines.

La limousine, très bien adaptée au pays, est un magnifique animal de boucherie, j'ose dire le meilleur, et tant pis si je verse dans le chauvinisme. Bien bâti, mais d'une carcasse légère aux os très fins, il sait tirer parti d'une alimentation que d'autres races dédaignent, produit un lait peu abondant il est vrai mais très riche en matières grasses, qui favorise chez le veau cette viande blanche et très tendre recherchée par les gastronomes.

Je savais que le Limousin, et la Corrèze en particulier, était le berceau du veau de lait. J'avais, de plus, une attirance pour l'élevage, mon orientation était tout indiquée. Le choix fait, restait sa bonne réalisation ; en théorie elle était possible.

J'eus bien besoin des trois ans passés à Lancosme en tant qu'élève, de l'année que j'y fis, plus tard, comme stagiaire, de diverses expériences et d'une bonne dose d'espérance avant de me lancer dans la pratique.

Trois ans d'école d'agriculture donc, dans une région sans aucun rapport avec celle que j'habiterai plus tard, en face d'une agriculture que, faute de moyens, je ne pourrai jamais appliquer, au milieu de camarades dont les parents possédaient de grandes propriétés céréalières, que pouvait-on souhaiter de mieux pour consolider à vie ou éteindre à jamais une vocation ?

Dans une ambiance très rurale — 90 pour 100 des élèves étaient de souche paysanne — où, journellement, nous étions confrontés avec la terre, où les travaux, jamais au-dessus de nos forces mais parfois durs et pénibles, nous rappelaient sans cesse que tel était le lot du métier, où nous passions d'un cours sur les engrais à un cours sur la zootechnie, la technologie laitière ou la botanique, aucun adolescent — aussi poète et romantique soit-il —, n'aurait pu croire longtemps que la vie d'un agriculteur se résumait en la joyeuse succession de fêtes dionysiaques. Force lui était de reconnaître que Virgile et ses *Bucoliques*, Rousseau et son *Emile* et même le grand Giono et ses paysans poètes, ses champs fleuris et toute son exaltation pastorale, avaient leur place dans la littérature mais absolument pas dans la culture. Bref, il n'y avait nulle place dans une ferme pour les dilettantes.

Quant à moi, je n'avais jamais pensé que ma future vie à Marcillac serait facile. Sans doute, au fond de moi, vivaient les souvenirs des merveilleuses vacances et, peut-être, l'inconscient désir sinon de les poursuivre, du moins d'en retrouver l'ambiance. Lancosme m'apprit non seulement que la vie ne serait pas facile mais difficile, et que les vacances n'existaient pas, ou très peu, pour un paysan.

Et j'étais déjà paysan ! Du moins tentais-je, à l'époque, de le faire admettre à mes camarades. Ceux-ci, se fondant sur mes sept ans de vie citadine, sur le domicile de mes parents, me classèrent dès mon arrivée parmi les trois ou quatre citadins qui fréquentaient l'école.

Naguère, dans une école parisienne on m'avait appelé paysan, ça ne m'avait pas vexé. J'avoue que je le fus d'être traité de « Parigot ». Pour moi, c'était la pire insulte car, à mes jeunes yeux, le Parisien n'aimait pas la campagne, ne la connaissait pas, la méprisait, ne se plaisait qu'à Paris ; tare incurable pour mon jugement de quatorze ans.

Restait à établir la preuve que, si je n'étais pas un vrai paysan, j'étais encore moins un Parisien. Mais en face des 200 ou 300 hectares de certains, il n'était pas prudent d'annoncer les 19 ha 50 ares de Marcillac, ils ne faisaient pas sérieux...

Je ne pouvais, non plus, discuter mécanique. Comment opposer notre paire de bœufs aux trois ou quatre tracteurs que les copains possédaient chez eux ; pas de moissonneuse-batteuse non plus, ni de presse à fourrage ni même de râteau faneur, mais une vieille faucheuse, des faux, des fourches et des râteaux en bois, il y avait de quoi faire crouler de rire tous ces jeunes Berrichons. Une seule issue pour les faire taire, les travaux pratiques.

Je choisis ceux que je connaissais bien, où je savais pouvoir briller, la traite des vaches. Et là, bien sûr, j'eus ma revanche, car je savais traire, et à deux mains. J'expédiai force jets de lait en direction du groupe narquois qui m'entourait lors de la démonstration. On me reconnut un honnête coup de main et on s'empressa de changer de sujet. En effet et aussi curieux que cela puisse paraître, les jeunes ruraux ne savaient pas, ou très mal, traire. Il n'y a là aucun mystère, ils possédaient chez eux des installations de traite électrique ou des vachers, pourquoi auraient-ils appris ?

Si ma démonstration ne les convainquit pas entièrement, elle les laissa malgré tout perplexes. Ils admirent que je n'étais pas un Parigot, mais plutôt une espèce de métis, moitié terrien moitié urbain. Un bizarre mélange qui savait traire, sarcler, faucher à la main, manier une fourche, accessoirement identifier les oiseaux ou tirer au lance-pierres mais qui, parallèlement, connaissait Paris et beaucoup d'autres curiosités typiquement citadines à l'époque, comme la musique classique, la Comédie-Française, le musée du Louvre ou le palais de la Découverte. Un hybride en quelque sorte.

Ils n'avaient pas tort. Il ne suffit pas d'aimer la terre, ni de la travailler ni même d'y vivre, pour acquérir le titre de paysan. Il faut des ancêtres. Sans leur caution, vous demeurerez toujours un peu en marge de cette aristocratie qu'est la paysannerie. Elle vous adoptera pourtant, vous fera l'honneur de reconnaître vos éventuelles compétences, vous appréciera si vous le méritez. Mais la complète intégration ne se réalisera pas. Plusieurs générations seront nécessaires pour que, peu à peu, s'érode chez vos descendants la marque d'origine. Si, dans cet ouvrage, je me pare du titre de paysan, c'est pour la commodité de l'écriture. En fait, je reste un hybride.

J'eus d'autres épreuves à surmonter. L'une d'elles me donna des soucis pendant plus de deux ans. J'étais de petite taille, vraiment petite. Or, le métier d'agriculteur nécessite une bonne force physique. J'étais résistant et solide mais franchement pas assez costaud pour effectuer sans peine quelques tâches pourtant banales.

J'avais, par exemple, beaucoup de mal à harnacher les chevaux. Le collier pesait, pour moi, un poids terrible. Je me donnais un mal fou pour le hisser jusqu'à l'encolure de l'animal qui, voyant tout de suite à qui il avait affaire, s'ingéniait à compliquer mon travail, il levait la tête, ou reculait, ou rentrait carrément à l'écurie. Alors je rusais. Je l'attirais contre le tas de fumier et j'empoignais le collier. Escaladant ensuite le fumier je parvenais à jeter ma charge sur le cou de l'animal. Mais ça ne marchait pas toujours et, souvent, lorsque juché sur mon escabeau odorant je m'apprêtais à lancer le collier, le cheval s'écartait. J'avais alors le très net sentiment qu'il rigolait.

Les moniteurs aussi s'amusaient bien. Une fois, pourtant, j'en vis un blêmir. Nous possédions à Lancosme un vieux tracteur semi-Diesel, aussi bruyant et solide qu'un char d'assaut et terriblement dur à manier, il exigeait une très bonne poigne. Le conduire restait quand même la récompense suprême, la consécration. Aussi n'étais-je pas peu fier lorsque, pour la première fois de ma vie, je m'installai aux commandes. Le professeur était derrière moi, debout sur la barre d'attelage, il se tenait au siège. L'engin cognait de ce bruit caractéristique et assourdissant des moteurs à un seul cylindre horizontal. J'étais prêt, un peu angoissé mais prêt.

— Démarre en cinquième ! me lança le moniteur.

C'était la vitesse de route, on ne pouvait l'enclencher qu'à l'arrêt car la boîte de vitesses était rudimentaire. J'appuyai sur la pédale d'embrayage, en vain... Impossible de l'enfoncer, je n'avais pas la force. Je me vis, quittant penaud le siège, pour laisser la place à un camarade plus grand. Pas question. Je bandai mes muscles, mis tout mon faible poids dans ma jambe gauche. Rien, la pédale ne broncha pas, la garce ! Alors, risquant le tout pour le tout, je m'agrippai d'une main au garde-boue, de l'autre au levier de vitesse. Presque debout, pesant de mes quarante malheureux kilos sur la pédale, je pus l'écraser. J'emboîtai la vitesse. Mais c'était vraiment trop pénible, je n'y tins plus et libérai d'un coup l'embrayage. Le tracteur bondit littéralement. J'entendis derrière moi un très très gros mot, puis plus rien, le moniteur était par terre...

Le tracteur fonça sur une clôture. Sa roue gauche happa le grillage qui s'entortilla autour du moyeu. Je redressai tant bien que mal, mais je ne pouvais à la fois tenir la direction et débrayer. La maison d'un professeur arrivait droit sur moi. J'abandonnai le volant, me cramponnai au garde-boue et parvins à débrayer. Le monstre s'arrêta. Trois mètres de plus et je me retrouvais dans la cuisine.

Pas fier du tout, je me retournai. J'avais arraché une trentaine de mètres de clôture, piquets compris. Dans l'immédiat, je me trouvais dans une plate-bande de poireaux. Je me vis à tout jamais interdit de tracteur. Je mesurais 1,48 m et j'étais bien malheureux.

— C'est pas mal, commenta le moniteur. Il était plutôt pâle. Déjà je me levais pour lui laisser ma place.

— Allez, passe en marche arrière, démerde-toi !

Il fallut bien. Nous sortîmes du potager. J'avais la sueur au front. Et maintenant ?

— La cinquième est un peu rapide, démarre en quatrième et doucement, si tu peux... me commanda le moniteur en me tapant sur l'épaule.

Il était courageux. Il me laissa ma chance, ne fit aucun commentaire sur ma faiblesse musculaire. C'était vraiment un excellent moniteur et un pédagogue-né.

Je sortis de l'école en juillet 1955 après trois ans d'études. J'avais dix-sept ans. C'est un peu jeune pour reprendre une ferme à son compte. D'ailleurs c'eût été stupide, inefficace et inutile.

Lorsqu'on s'installe sur une terre, il faut le faire sans avoir à mesurer son temps, le mien l'était par l'ombre du service militaire. Il était alors de vingt-sept mois au minimum ; alors pourquoi se lancer dans une entreprise qui, fatalement, retomberait à zéro pendant mon absence.

Je savais que notre domestique, pour sympathique qu'il fût, ne pouvait tenir compte de ce que je lui dirais. Il aurait pu être mon père, avait une longue expérience de ce qu'il pensait être la meilleure marche d'une ferme, croyait de bonne foi détenir les secrets du métier, affichait un seigneurial dédain pour toutes nouvelles formes d'exploitation et, dans le fond, s'amusait doucement de mes prétentions.

Je m'en rendis vite compte car, à la sortie de Lancosme, je passai un an à Marcillac dans le but de me mettre dans l'ambiance, de voir ce qu'il était possible de réaliser plus tard. Je travaillai toute une année au pas de nos bœufs, à une cadence à laquelle l'école ne m'avait pas habitué. Je vis, en gros, où devraient porter mes efforts, comment il serait possible d'améliorer les prairies et les terres.

Je préparai mon plan de bataille en essayant, discrètement — beaucoup plus par persuasion que par ordres, lesquels, vu mon âge, eussent été mal venus et parfaitement déplacés — de limiter la lente dégradation d'une exploitation à bout de souffle.

Terres usées, appauvries, qui à chaque récolte, et faute de fumure de base, se dépouillaient de leurs maigres réserves naturelles. Pacages surpâturés, c'est-à-dire où l'herbe n'avait pas le temps de repousser entre chaque passage des bêtes. Prairies envahies par des plantes aux médiocres rendements et par la mousse.

Seul le cheptel était correct. Mais, là encore, je dus faire comprendre que les vêles gardées pour l'élevage se trouvaient beaucoup mieux à gambader au soleil, que confinées dans l'étable sombre où une vieille pratique les maintenait ; qu'une génisse, saillie trop jeune, voit sa croissance s'arrêter et demeure souvent une petite bête, faute d'avoir pu se développer six mois de plus. Qu'une vache laitière doit être, non seulement deux fois plus nourrie qu'une limousine, mais réclame aussi des condiments minéraux nécessaires à sa lactation et que, faute de les recevoir, elle puisera sur ses propres réserves et se décalcifiera. Que le bon foin doit être, si possible, coupé juste avant sa floraison, c'est-à-dire lorsqu'il est le plus riche, le plus chargé en matières nourrissantes. Que le meilleur fourrage est celui que l'on rentre à la limite de la conservation, lorsqu'il a encore sa couleur verte et sa souplesse. Que le foin recuit, jaunâtre et cassant que nous engrangions, possédait une valeur alimentaire voisine de celle de la paille, plus que médiocre.

Mais on ne change pas, en quelques mois, les coutumes engendrées par des siècles d'empirisme, surtout si l'on n'a pas fait soi-même ses preuves. A la terre, il faut plusieurs décennies pour les faire...

Je m'entendais très bien avec notre domestique, un seul point nous séparait : l'agriculture ! C'était gênant. Je repris donc le chemin de Lancosme.

Cette fois, je n'étais plus élève mais stagiaire ; une sorte d'ouvrier agricole qui travaillait aux champs avec les élèves, déjeunait à la table des professeurs et avait sa chambre personnelle. Je touchai ma première paie, 12 500 francs (1957) ce n'était pas énorme mais les occupations que j'avais me passionnaient tellement que je me sentais presque coupable de recevoir un salaire pour les faire.

Tout mon travail me plaisait et à un point tel que je restai un an sans éprouver le besoin de venir me « retremper » à Marcillac. J'avais, par exemple, un plaisir immense à labourer, me comprendront ceux qui aiment la terre. J'avais enfin grandi, le tracteur n'était plus une brute rebelle, mais un outil docile. Un vrai plaisir. S'installer au volant au petit jour, savoir qu'on est là jusqu'au soir, bien régler sa charrue et aller, droit, jusqu'au bout du champ, là-bas, loin. Voir la terre s'ouvrir et se tordre, fumer, engloutir le fumier ou les chaumes ; aligner, heure après heure, les sillons luisants sur lesquels s'abattent les choucas et les vanneaux. Aujourd'hui encore j'adore labourer, mais je suis frustré, mes terres sont trop petites, c'est trop vite fini.

Mon stage m'apporta beaucoup du point de vue pratique du machinisme. Les représentants de machines agricoles ont beau dire, on ne devient pas bon conducteur de tracteur du jour au lendemain. Il est des « trucs » qui ne s'inventent pas mais qui s'apprennent ; de leur application dépend la durée du matériel, la bonne réussite du travail et, dans certains cas, la vie du pilote, la preuve est faite tous les ans que des accidents ne sont, hélas ! pas rares.

Pendant mon stage, j'appris, entre autres, qu'un tracteur embourbé peut, entre les mains d'un néophyte, devenir un redoutable engin de mort, un animal furieux qui se cabre, se dresse et peut retomber sur le conducteur. Lequel, croyant bien faire a, d'une façon ou d'une autre, bloqué les roues motrices ; elles ne patinent plus, ne s'enfoncent plus, mais le tracteur lui, tourne et se dresse. Il est pourtant tellement simple et sans danger de s'en sortir avec un cric ! Trop longue serait la liste de tout ce que j'ai appris pendant ce stage. Je connaissais les fondations du métier, il fut la première pierre.

Lorsque je quittai Lancosme, après un an, je décidai de renouveler l'expérience, de voir d'autres horizons, d'autres méthodes. Une ferme de la région parisienne voulut bien m'accueillir.

Exploitation gigantesque ! Plus de 500 hectares de céréales avec, presque pour s'amuser, un troupeau de 150 bœufs charolais, une cinquantaine de laitières, 10 000 poules pondeuses, une nuée de poulets et, travaillant le tout, une section d'ouvriers agricoles que supervisait un chef de culture.

Cette agriculture industrielle me rebuta vite car, tout de suite, je fus plongé dans le plus sordide des prolétariats, le prolétariat agricole. Ce ne fut pas lui qui me dégoûta, bien au contraire, ce furent les employeurs !

Je n'ai jamais conçu l'agriculture comme une sorte d'usine en plein air, une usine où d'ailleurs aucun ouvrier de ville ne voudrait travailler. En effet, il faut vraiment être au bas de l'échelle sociale pour subir, sans protester, tous les travaux inhérents à une très grande ferme, par tous les temps et ce pour un salaire généralement dérisoire.

Du moins en était-il ainsi il y a vingt ans. Il semblerait aujourd'hui que la situation ait un peu évolué. Je dis il semblerait car je n'emploie aucune main-d'œuvre, j'ignore donc quel est son sort. Mais je sais qu'elle est indispensable aux grandes fermes. Etant indispensable, peut-être est-elle enfin mieux traitée, peut-être...

Mais à l'époque de mon stage, seuls les conducteurs de tracteurs et les vachers parvenaient à s'élever un peu au-dessus de la misère. Ils étaient des spécialistes, on avait absolument besoin d'eux. Quant aux autres, valets de ferme, journaliers, hommes à tout faire, ils devaient se plier au rythme et aux horaires imposés ; s'ils n'étaient pas d'accord, d'autres le seraient : voilà ta paie et bon vent... Avec au moins dix heures de travail par jour, on était loin de la semaine des quarante heures.

Dans cette ferme régnait un climat lourd, malsain, éprouvant. Antagonisme permanent entre les salariés et le chef de culture, ruses pour tirer au flanc, tactiques pour surprendre les fautifs, ambiance de guérilla.

Je me souviens de mon effarement lorsque je vis un conducteur de tracteur arrêter son engin, dételer sa charrue et partir déjeuner alors qu'il lui restait une cinquantaine de mètres pour atteindre le bout du champ. Il était midi et sans doute jugea-t-il superflu de faire cadeau au patron de cinq minutes supplémentaires. Je n'étais pas habitué à ce genre d'agriculture. Celle que je connaissais était certes, moins lucrative, mais au moins elle était humaine.

Chez nous, les hommes savaient travailler aussi longtemps et durement que le demandait la tâche entreprise, mais ils savaient aussi prendre dix minutes pour rouler une cigarette en discutant avec un voisin passant sur le chemin. Il est vrai que chez nous les hommes travaillent une terre qui leur appartient, cela explique bien des choses.

J'essayai néanmoins de m'habituer, de participer à la vie de cette formidable entreprise. Peine perdue. Les chauffeurs de tracteurs n'avaient ni le temps ni l'envie de discuter métier. Rien à espérer non plus avec le vacher, aussi peu loquace que ses bêtes, mais beaucoup moins sobre. Quant aux autres ouvriers, ils ne comprenaient manifestement pas ma présence parmi eux et jugeaient aberrant de vouloir se perfectionner en effectuant les basses besognes qui nous étaient dévolues. Restait le chef de culture, sorte de grizzly taciturne qui, de toute évidence, ignorait ma présence. L'heure n'était pas au dialogue.

Le travail devint vite déprimant par sa monotonie. On me confia d'abord le soin de nettoyer les poulaillers. La corvée n'est pas trop rebutante car, mise à part une rapide irritation des muqueuses respiratoires due à la poussière de fientes sèches et de sciure de bois, elle ne demande pas une énorme dépense physique. Il n'empêche qu'on se lasse vite d'un travail aussi peu exaltant ; après plusieurs jours il devient odieux. Je le menai quand même à bien mais je jurai que, de ma vie, je n'aurais de poulailler industriel.

Après cette mise en train, on m'expédia avec une équipe de ramasseurs de pommes. Il y avait des milliers de pommiers à cidre sur la propriété. Lorsque je compris, au bout d'un certain temps, que ce serait là ma seule occupation pour une partie de l'hiver, la moutarde me monta au nez. Je fis ma valise, prévins le chef de culture qu'il perdait un ramasseur de pommes et quittai, sans aucun regret, cette exploitation trop grande pour moi.

Il me restait quelques mois de liberté avant le service militaire. Je rejoignis Marcillac. Là, au moins, le travail avait bon goût.

3

19 HECTARES 50 ARES

Vingt-sept mois de service militaire passés au Sahara n'apportèrent pas beaucoup à ma formation professionnelle. Tout au plus la vue de « l'agriculture » saharienne me força à reconnaître que, par comparaison, les terres les plus pauvres de Marcillac étaient riches, grasses, productives, et que la sécheresse tant redoutée devenait une aimable plaisanterie. Consolation facile.

Pour éviter de perdre tout contact avec mon métier, je m'abonnai à des cours par correspondance d'une grande école d'agriculture. Je les suivis, à temps perdu, et s'ils ne m'apprirent pas beaucoup, ils contribuèrent au moins à entretenir mes connaissances. Enfin, il était cocasse, par 45° à l'ombre, de potasser un cours sur les moyens à employer pour éviter la perte des engrais par le ruissellement des eaux de pluie, ou la nécessité d'attendre que les labours soient bien ressuyés pour effectuer les semis de printemps.

J'ajoute, pour la petite histoire, que je me flatte d'avoir contribué à la mise en valeur d'une modeste fraction de « terre » saharienne. On me chargea un jour de planter des lauriers-roses et des tamaris dans les jardins du mess des officiers. Plus tard, je plantai des eucalyptus dans le patio du mess des sous-officiers ; si personne ne s'en est servi pour nourrir les chèvres ils doivent être très beaux aujourd'hui. On peut toujours rêver.

Rêver, il n'en était pas question lorsque je débarquai à Marcillac en octobre 1960. La situation n'était pas fameuse. Notre domestique attiré par une place en ville, nous avait quittés. Depuis un an les terres étaient en friche, à l'abandon. Côté cheptel, je trouvai six bêtes, surveillées et soignées par un voisin. Ce modeste troupeau, constitué par cinq vaches et une génisse, était en bon état, mais il était improductif car aucune vache n'était en gestation et une seule en lactation. De plus, les réserves de foin ne permettaient pas de franchir l'hiver sans achat de fourrage. Enfin, toutes les clôtures devaient être refaites. Pour le matériel, je n'avais à ma disposition que celui conçu pour la traction animale. Mais il n'y avait plus de bœufs, ceux-ci, trop âgés, avaient été vendus.

Il me serait facile de brosser un sombre tableau et de m'apitoyer sur mon sort, mais ce serait malhonnête. En effet, s'il est exact que je trouvai Marcillac dans l'état que je viens de dépeindre, rien ni personne ne me forçait à m'y installer. Si je le fis, ce fut en toute liberté, parce que je le voulais bien, parce que je le désirais. Dès l'instant où mon choix était fait, je devenais responsable de ma situation.

Dans le fond il était préférable que les terres soient en friche, que tout soit à refaire, cela me permit de partir du point zéro. Lorsqu'on démarre à cette altitude il faut vraiment être un incapable pour ne pas s'élever un peu. Enfin, et je n'ai aucune honte à le dire, mon père m'aida dans la mesure de ses moyens financiers, j'espère pouvoir agir de même avec nos enfants, plus tard. Son aide me permit d'acquérir quelques-uns des outils indispensables. Mais, parallèlement, je dus faire mon premier emprunt au Crédit agricole.

Car le matériel agricole était cher, scandaleusement cher. Aujourd'hui c'est du délire, les prix ont doublé. Lorsque je m'installai, un tracteur Diesel de 35 Ch coûtait 18 000 francs, un brabant 2 500, une remorque 3 500, un cultivateur canadien 1 200, une faucheuse portée 2 800, le plus simple des râteaux faneurs 1 100. Or, j'avais besoin de tout cela, c'était même le minimum. Un minimum qui, paradoxalement, devenait du suréquipement à cause du peu de travail que demandaient 19 ha 50 ares de surface totale, soit environ 8 hectares de surface agricole utile (S. A. U.), c'est-à-dire la surface de l'exploitation diminuée des bois, des landes, des terrains incultes ou bâtis, des chemins.

Mais que faire d'autre, il fallait bien que je travaille les terres ! Je n'avais pas les moyens d'employer un ouvrier agricole à qui j'eusse confié une paire de bœufs. Un ouvrier coûtait, en gros, 10 000 francs par an (sa rémunération de base était faible mais il était nourri, logé et assuré) ; j'estimais aussi que la ferme ne justifiait pas deux unités travailleurs.

Pas question non plus de réaliser le rêve secrètement caressé d'association avec un voisin. Le plus proche avait dépassé la cinquantaine et ne manifestait aucune envie de se lancer avec moi dans l'aventure. Je le compris. Quant aux autres exploitants, ils étaient beaucoup plus préoccupés de trouver une situation en ville que de s'associer avec moi qui, de toute évidence, ne tiendrais pas longtemps. Réflexe logique de petits agriculteurs qui vivaient les derniers ans de leur métier à plein temps. Depuis ils sont tous devenus ouvriers paysans ou retraités.

Alors que faire sinon s'équiper et se lancer, seul, dans la défriche ? Certains s'étonneront peut-être de m'avoir vu choisir un tracteur beaucoup trop puissant pour le travail que j'allais lui demander. Ils auront raison de froncer les sourcils. Je vis grand, oui, mais pour deux raisons.

D'abord il ne faut pas confondre surface et facilité de travail. J'avais de petites surfaces à cultiver, mais dans des terrains difficiles à mettre en valeur, ne serait-ce qu'à cause des pentes. De plus je savais avoir du défonçage à faire, c'est impossible avec un tracteur de faible puissance.

Enfin, deuxième raison — que d'aucuns jugeront sans doute peu sérieuse — lorsque je pris Marcillac, je le fis — je devrais même écrire : je ne le fis — avec l'intime conviction qu'un jour viendrait où je pourrais m'agrandir. J'appuyais cette espérance sur la fin d'une agriculture ancestrale, fin qui ne manquerait pas de libérer des terres.

J'étais optimiste jusqu'à la déraison. Je choisis donc mon matériel en fonction des terres qui, un jour, s'accoleraient à Marcillac. C'était une sorte de pari, presque un coup de poker...

Pour ne pas perdre mon temps en attendant la livraison de mon matériel, j'entrepris d'arracher la vigne. J'en ai parlé plus haut. Je l'immolai car elle donnait un vin douteux, mais pas uniquement à cause de cela. En fait, cette vieille vigne occupait environ le quinzième d'une parcelle de prairie de quelque deux hectares. Elle était là, cernée de part et d'autre par deux petites terres, une vraie verrue.

Je voulais rendre cultivables ces deux hectares, c'est-à-dire, dès que je le pourrais, les labourer.

Arracher une vigne productrice c'était, chez nous, un sacrilège. Labourer une prairie, vieille d'un siècle, une folie. La vigne, le foin et le blé figuraient parmi les productions que toutes bonnes fermes devaient choyer. On était fier de sa cave, fier de son grenier, fier de sa grange. L'ensemble devenait en quelque sorte une marque extérieure de richesse, donc de respect ; c'était avant tout un symbole. Tant pis pour le symbole.

Comme j'étais chez moi et que ça ne les touchait pas outre mesure, les voisins rigolèrent doucement. Ils rirent, mais discrètement et sans méchanceté, puis, ô combien patients et curieux, ils attendirent la suite. Ils ne furent pas déçus, le spectacle était permanent...

Après le sacrifice de la vigne et dès que j'eus mon matériel, je fis sauter tous les vieux fruitiers, à moitié crevés qui, çà et là, végétaient au milieu des terres ou des prairies. Leur disparition me permit ensuite de travailler les champs sans rencontrer ces obstacles que sont les arbres fruitiers hors d'un verger. Chaque chose à sa place et tout est plus simple. Les voisins hochèrent la tête.

J'aimerais ne pas les dépeindre plus sceptiques qu'ils ne l'étaient. Dans le fond mon expérience les intriguait, mais ils demeuraient prudents. Il faut savoir que notre région fut une des dernières à être touchée par l'évolution de l'agriculture. Le machinisme fut très long à percer. Les techniques modernes restèrent absolument inconnues jusqu'à ces dernières années. Ce que j'entreprenais n'était en rien révolutionnaire par rapport à ce qui se pratiquait dans d'autres régions, mais c'était franchement progressiste chez nous ; seuls quelques hurluberlus de mon acabit s'amusaient à ce jeu-là.

Aujourd'hui l'évolution est en partie faite. Si nous sommes encore très loin de l'agriculture d'avant-garde, il n'est cependant plus scandaleux de labourer une vieille prairie, la preuve, mes voisins s'y sont mis ! Et je suis ravi lorsque l'un d'eux, doctement, m'explique comment il faut s'y prendre pour réussir un semis ! Si je n'avais pas bonne mémoire et si je n'étais pas certain de le lui avoir expliqué il y a quatorze ans, il arriverait presque à me convaincre qu'il est un précurseur !

Je pense que c'est cela la véritable vulgarisation agricole. C'est la ferme qui, un jour, bouscule un peu les habitudes et les tabous. Si elle réussit les autres suivent, parfois même la dépassent puisqu'elles font l'économie d'une expérience.

Je m'attaquai donc au plus gros, le retournement des vieilles prairies. J'eus conscience qu'on m'attendait au tournant. Il est humain de ne pas vouloir se ridiculiser et comme, de plus, j'avais vraiment besoin de réussir l'opération, j'essayai de mettre tous les atouts de mon côté. C'est là que la théorie me fut précieuse.

Placé devant de vieux prés aux rendements très faibles (deux à trois tonnes de foin à l'hectare), à la repousse très lente, très sensibles à la sécheresse, asphyxiés par plusieurs centimètres d'un mélange de rhizomes, de racines et de mousse, je devais, en une année, obtenir un rendement de huit à dix tonnes à l'hectare, une repousse rapide et une meilleure résistance à la sécheresse. C'est du moins ce qu'assuraient mes cours sur la révolution fourragère....

J'avais pu juger des résultats de cette culture de

l'herbe (mise au point par les ingénieurs agronomes Dumont et Chazal) en visitant, lorsque j'étais encore à Lancosme, plusieurs fermes de la région lyonnaise ; nous avions effectué un voyage plein d'enseignements.

Je connaissais bien les principes, je me lançai dans la pratique. Je fis avant tout un gros apport de chaux, pour essayer de limiter l'acidité de mes terres.

— Il va tout cramer... dirent les voisins.

L'amendement fait, je brisai la couche gazonneuse par un passage de cultivateur canadien ; en théorie, j'aurais dû employer un autre outil, mais je ne le possédais pas encore.

Silence compassé des observateurs qui ne perdaient pas une miette du « carnage ». Je me mis ensuite au labour sous le mutisme poli, mais désapprobateur des attentistes. Le gel de l'hiver peaufina mon labour, rendit la terre souple, légère, aérée. Au printemps je semai ma prairie artificielle.

Si des ruraux me lisent, je m'empresse de leur dire que je fis une adaptation à la méthode Chazal-Dumont, je la mis au goût de mes terres et de mes besoins. Je fis donc mon mélange de prairie. Du Ray-grass pour la production précoce, du Dactyle pour son rendement et sa résistance, de la Fétuque des prés pour les mêmes motifs et, pour établir un mélange légumineuses-graminées du Lotier corniculé. Je choisis cette légumineuse de préférence à la luzerne car, observant qu'elle poussait chez nous à l'état sauvage, j'en déduisis qu'elle était moins sensible à l'acidité que la luzerne. Aujourd'hui, certains professionnels jugeront que mon mélange de graines était déjà périmé. Les techniques ont évolué, on tend de plus en plus à ne semer qu'une seule espèce, soit en légumineuse, soit en graminée ; je n'ai pas encore essayé.

Quand j'eus fini mon semis, il me restait encore un problème à résoudre, celui du fourrage de l'année. Bien que ressemée selon les règles, la prairie n'aurait son plein rendement que l'année suivante. J'avais besoin de prévoir l'alimentation hivernale de mes bêtes.

Acheter du foin n'est pas une opération rentable. Une vache mange aisément 15 kg de fourrage par jour pendant cinq mois d'hiver. Le foin coûtait alors 15 centimes le kilo. Si je devais acheter une provision pour mes six bêtes cela représentait une belle sortie d'argent.

Il y avait un moyen pour la limiter. J'effectuai sur ma nouvelle prairie un semis d'avoine de printemps. J'apportai ensuite une bonne couverture d'engrais (Azote-Phosphore-Potasse) et j'attendis, anxieux quand même.

Le ciel m'aida. La jeune prairie s'installa. L'avoine démarra en force et devint superbe. Les voisins commencèrent à réviser leur jugement quant à mes capacités. Ils ne m'en jugèrent que plus sévèrement lorsque, contre toute attente, je fauchai l'avoine à sa floraison. J'avais besoin de fourrage, non de grain. J'aurais pu, certes, récolter le grain, le vendre et, grâce à cela, acquérir du fourrage. Mais il y avait un risque que je ne voulus prendre. Une jeune prairie est fragile, très sensible à la sécheresse. Si j'avais laissé l'avoine jusqu'à sa maturité, celle-ci se serait faite au détriment de mon jeune semis. Celui-ci, déjà affaibli par la présence de la céréale, devenait très vulnérable au soleil de juillet (date de la moisson). En fauchant l'avoine encore verte, donc beaucoup plus tôt, je laissai à la prairie artificielle les réserves nécessaires pour mieux se développer et aborder l'été dans de meilleures conditions de résistance.

Elle eut bien besoin de cette solide installation car

l'été 61 fut sec. Mais aujourd'hui je n'agirais plus ainsi et si, par exception, il m'arrive de semer une artificielle dans une céréale, je laisse à cette dernière sa vraie vocation. En année normale la jeune prairie s'accroche bien. Je le sais, mais je n'ai pas de mérite, il y a quatorze ans que je travaille mes terres, je les connais bien, je sais de quoi elles sont capables. Tel n'était pas le cas lorsque je m'installai. J'avais beaucoup à apprendre, j'en étais conscient, c'est ce qui me rendit prudent.

Je coupai donc mon avoine verte. J'obtins un fourrage remarquable par sa qualité et son tonnage. Mais personne ne comprit. Personne sauf ma femme, cela me suffisait.

Nous nous étions mariés au printemps.

Convaincu depuis longtemps que de ma femme dépendrait mon existence à Marcillac, averti aussi que c'était — et c'est toujours — chez les agriculteurs que se comptaient le plus de vieux garçons, je n'étais pas sans me faire quelques soucis à ce sujet. Je n'avais aucune vocation pour le célibat.

Mis à part une foule de qualités sans rapport avec ma profession, donc avec ce livre et que je n'aborderai pas, je voulais que ma future compagne soit parée de celles qui touchaient directement ma vie à la terre, avec tout ce que cette vie comporte.

« Qui ne connaît pas la campagne en hiver, ne connaît pas la campagne et ne connaît pas la vie », a écrit Drieu La Rochelle. Ma future femme devait au moins connaître l'hiver à la campagne, faute de quoi je le savais, elle risquait d'être dégoûtée par les premiers brouillards...

Et puis, il fallait qu'elle sache que je ne pourrais lui

offrir le confort et l'existence qu'elle était en droit d'espérer en épousant un citadin. Il fallait aussi qu'elle connaisse et accepte tous les imprévus, toutes les difficultés qui découlent du métier d'agriculteur. Qu'elle ne se fasse pas d'illusions non plus quant aux vacances. Qu'elle veuille bien, enfin, accepter le meilleur et le pire d'une vie de paysan.

Où trouver la jeune fille que ne rebuteraient pas toutes ces conditions ? En ville ? Il y avait de gros risques de tomber sur une romantique attirée par les seuls côtés alléchants d'une vie champêtre. Ou encore d'en dénicher une qui aurait peur des vaches, des moustiques, d'une vulgaire salamandre, d'un crapaud, que sais-je encore ! Enfin, en admettant — et je l'admettais — qu'il en existât qui ne soient pas plus romantiques ni plus peureuses qu'il n'est séant, que connaîtraient-elles de mon métier ?

Restait donc à battre la campagne ! Mais déjà, en ces années, les jeunes rurales, généralement dégoûtées par ce qu'elles avaient vu et vécu chez elles, préféraient épouser le premier citadin venu, pourvu qu'il soit fonctionnaire, plutôt que de s'enterrer avec un paysan.

On peut ne pas approuver leur choix, du moins faut-il essayer de le comprendre. Dans trop de cas l'existence de la femme de petit agriculteur est excessivement pénible, usante, éprouvante à tout point de vue. A la fois épouse, mère de famille, maîtresse de maison, ce qui n'est pas une mince affaire, elle est bien souvent ouvrier agricole et je n'ai pas peur de l'écrire !

Comment appeler autrement la personne qui trait les vaches, nettoie les étables, conduit parfois le tracteur, aide à tous les gros travaux, soigne les porcs et toute la basse-cour, s'occupe du jardin potager et qui, je le redis, doit effectuer toutes ces corvées en supplément de ses tâches domestiques et cela à longueur d'année.

Certains penseront peut-être que j'exagère. Non, les exemples foisonnent dans beaucoup de régions. Il ne faut donc pas s'étonner si les jeunes filles refusent ce genre de vie, il fut celui de leur mère, elles redoutent qu'il soit un jour le leur. Peut-être ont-elles tort de fuir, du moins ont-elles raison de s'opposer à un mode de vie en bien des points semblable à celui de leur arrière-grand-mère.

Elles partent donc en ville et, là aussi, parfois, travaillent durement ; mais qu'elles soient dactylos, employées de maison, ouvrières ou fonctionnaires, elles sont payées, ont des congés, se reposent pendant les week-ends, ce n'est pas le cas des femmes de la campagne.

On s'en doute, j'eus bien besoin de la Providence pour rencontrer celle qui devint ma femme. Bernadette, fille de la campagne, était de ces exceptions que la ville n'attire pas. Elevée à la terre, l'aimant et bien décidée à y rester, elle sortait d'une maison familiale d'agriculture lorsque nous nous rencontrâmes. Le dialogue était ouvert. Six mois plus tard nous nous mariâmes, nous avions quarante ans à nous deux.

Après le portrait que j'ai brossé des femmes de petits exploitants, on peut se demander si c'était ce genre d'existence que je proposais à mon épouse. Non !

J'ai toujours considéré que la place d'une agricultrice n'était ni à l'étable, ni à la porcherie, ni dans les champs, ni sur un tracteur, mais tout simplement à la maison ou dans le jardin. J'apprécie que Bernadette m'aide au potager, qu'elle soigne nos poules et nos lapins, mais je me suis toujours refusé à faire appel à elle pour tous les travaux qui, à mon avis, sont de mon ressort. Je me flatte de pouvoir compter sur les doigts de la main les jours où elle a dû venir me donner son aide pour les gros travaux.

Ces travaux, elle les connaît, elle fit son apprentissage sur la ferme paternelle. Elle pourrait, en tout, me seconder professionnellement. Mais son rôle n'est pas là. D'ailleurs, la rentabilité de cette coopération ne se justifie pas. Mieux vaut gagner moins et vivre heureux dans la mesure de ses moyens que gagner davantage et n'avoir plus le temps de vivre. Il est banal d'écrire cela, je sais, mais il est des évidences qu'il faut parfois rappeler.

Plutôt que de voir ma femme traire les vaches pendant que je travaille ailleurs, je préfère m'occuper seul des bêtes et lui laisser le soin des enfants et de la maison. Nous avons toujours pensé que le métier de mère au foyer était aussi noble que n'importe quelle autre occupation ; mais il est éprouvant et suffit à bien remplir une journée. Point n'est besoin à Bernadette d'aller se « réaliser » en nettoyant les étables, ou, comme beaucoup, en allant travailler en ville.

Nous jugeons préférable, lorsqu'elle en a le temps — difficile à trouver avec cinq enfants — qu'elle lise à ma place et me résume ce que je n'ai pas le temps de lire. Je préfère aussi, au soir des gros travaux lorsque je rentre fatigué, trouver une maison accueillante et une compagne paisible, plutôt qu'un taudis et une mégère aussi vannée que moi.

Dès le début de notre mariage, nous avons pensé qu'il était indispensable de nous plier à un emploi du temps. Dans ma profession, il est tentant de se laisser emporter par le travail et d'en devenir très vite l'esclave. Je sais qu'il est déprimant, pour une maîtresse de maison, de ne pouvoir préparer ses repas pour une heure donnée. J'ai donc organisé mes journées de façon que Bernadette connaisse mes heures de retour. Il est très possible, même pour un agriculteur, de se plier à un horaire. Je le sais par expérience.

En effet, excepté la période des gros travaux (pour nous ce sont les foins et là, bien sûr, il n'est question ni d'heure ni même de dimanche) ou les travaux urgents, comme l'emblavement d'un champ avant les grosses pluies, rien ne s'oppose à ce que, à l'heure choisie, on pose son outil.

Il faut savoir donner les coups de collier nécessaires, il faut aussi savoir s'arrêter. Le travail physique peut, et devient très souvent, une espèce de drogue, un refuge où l'homme s'abrite, se ferme à tout. Il se crée alors l'enchaînement pernicieux : travail-sommeil. L'homme ne conçoit plus autre chose que ses occupations manuelles. Privé d'elles il s'ennuie et se persuade vite que sa seule raison de vivre est dans la dépense physique. C'est un point de vue, ce n'est pas le mien.

L'important c'est de parvenir à connaître ses capacités de travail, son rythme, sa résistance ; c'est aussi de prévoir le temps qu'il faudra pour mener à bien les travaux. Cette minutieuse organisation peut, aux yeux d'un observateur étranger, passer pour de la maniaquerie tant elle demande d'ordre, d'étude du temps, de réflexes conditionnés.

Je sais, par exemple, à quelques minutes près, le temps qu'il me faut pour effectuer la corvée d'étable matins et soirs. Il est établi pour une période plus ou moins longue, il est variable suivant les saisons, le nombre de veaux et leur âge. Il exige toujours une adaptation de ma part et la permanente recherche d'économie de gestes inutiles ou de va-et-vient. Il demande la répétition machinale des mouvements les plus efficaces.

Ainsi, suivant les cas, puis-je traire certaines vaches pendant que les veaux tètent. En revanche, je ne pourrais le faire si ces mêmes veaux vont plus vite que moi mais, dans ce cas, et tout en les surveillant, rien ne m'empêche de nettoyer l'étable ou de distribuer le fourrage. Tout réside dans le calcul des tâches dont la succession ou la simultanéité aboutira au travail fini. Je m'empresse d'ajouter que cette organisation du travail ne peut se concevoir que dans la mesure où l'agriculteur n'a pas les yeux plus gros que les bras.

Je m'explique. Lorsque je m'installai à Marcillac, je pris une orientation bien définie et j'écartai tout le reste. J'aurais pu reprendre le système de polyculture en vigueur dans la région : un peu de tout, des rendements minables, beaucoup de travail et, en fin d'année, comptabilité faite, un bilan négatif. Je rejetai cette dissipation car, même en restreignant un peu les cultures, elle m'obligeait soit de mettre ma femme au travail, soit d'employer du personnel. Il n'est pas possible d'être partout à la fois. On ne peut, seul, s'occuper de rentrer son foin et de sarcler un champ de betteraves. Comme tous les gros travaux se présentent presque en même temps, il est fatal, pour un homme seul, d'accomplir les uns au détriment des autres.

J'excluai donc définitivement la polyculture et me lançai dans l'élevage. Ce fut vers lui que je dirigeai tous mes efforts. Je pus tracer un plan de travail, établir un strict emploi du temps et atteindre, en fin de compte, le but fixé.

Je possédais six bêtes en m'installant, je savais qu'il m'en fallait au moins vingt pour nourrir une famille. Quand j'eus atteint ce chiffre, il se révéla naturellement insuffisant. Aujourd'hui, je l'ai largement dépassé et je sais qu'il me faut tendre à un troupeau d'au moins quarante bêtes. Mais, au train où vont les choses, je ne me fais plus aucune illusion. Lorsque je posséderai ce cheptel, il sera, à son tour, insuffisant...

On ne quintuple pas son troupeau du jour au lendemain, surtout lorsqu'on a peu de moyens financiers, ce qui était notre cas. Je pus quand même acheter deux génisses et une vêle dans une étable que je savais saine. D'autre part, un de mes premiers soins lors de mon retour à Marcillac, avait été de faire inséminer les vaches. Les premiers vêlages eurent lieu en juillet 61 et sur six naissances, j'eus trois femelles. Je les gardai. Mon propos n'est pas de raconter la vie et la croissance de notre troupeau. J'indiquerai simplement que, par principe, je garde toutes les femelles naissant sur la ferme. Cela a de multiples avantages.

D'abord c'est un excellent moyen pour éviter la contamination que risque d'apporter une vache achetée à l'extérieur. Certes, et depuis des années, la tuberculination et la vaccination anti-aphteuse sont obligatoires. Mais ces maladies, en régression, ne sont pas les seules qui menacent un élevage. Il en est une, tout aussi grave, qui n'est pas à la veille de disparaître : la brucellose ou avortement épizootique. Les pertes qu'elle occasionne sont tellement importantes que l'Etat a décidé de prendre l'affaire en mains. Et en quelles mains ! Grâce à la lenteur de l'administration, du peu d'imagination et de l'optique bornée de certains « spécialistes » on peut penser que la brucellose frappera encore pendant des années. Mieux vaut donc s'en méfier, elle restera longtemps encore le fléau que redoutent tous les éleveurs. Sa progression n'est pas exclusivement due à l'entrée sur la ferme de vaches « étrangères », mais il est certain que de nombreuses étables ont été atteintes par l'arrivée de nouvelles pensionnaires.

La brucellose est une véritable catastrophe pour ceux qui tirent leurs principaux revenus de l'élevage. Les vaches atteintes avortent vers le sixième mois de gestation. Elles devront, pour mener à terme les veaux suivants, subir un traitement long et coûteux ou, mais c'est encore plus lent et aléatoire, s'autovacciner.

De toute façon, pour l'éleveur, ce sont au moins deux vêlages de compromis. Enfin, et ce n'est pas son moindre inconvénient, la brucellose est transmissible à l'homme ; elle change de nom et devient fièvre de Malte. Je me suis laissé dire, par un médecin de campagne, que nombre de ses clients étaient, à l'état endémique, porteurs de cette maladie.

On comprendra donc que je préfère garder mes vêles. Je n'achète jamais de bêtes à l'extérieur. Ce principe n'a pas pour seul but de me soustraire à d'éventuelles contagions, il me permet aussi de renouveler mes bêtes en permanence par l'élimination des plus âgées, des moins productives, des moins bien conformées. Bref, de faire, à mon échelle, ma sélection.

Je sais, qu'à ce jour, j'ai un beau troupeau. Je le dois en partie au tri que je fais tous les ans, mais je le dois aussi à l'insémination artificielle. Sans les superbes taureaux du centre d'insémination, jamais je n'aurais pu améliorer la conformation de mon cheptel.

J'aurais pu, comme d'autres éleveurs, acquérir un taureau. Mais les vrais, les bons reproducteurs, sont absolument hors de prix. Sans même parler des magnifiques monstres que les petits Parisiens admirent à la foire de l'agriculture et qui se vendent plusieurs millions d'anciens francs, il faut pour acheter un jeune taureau inscrit au herd-book, vacciné, lustré, beau quoi ! largement le prix d'une très belle voiture. Ce n'est pas rentable pour un troupeau moyen. On peut à la rigueur se rabattre sur un mâle plus banal, sur du tout-venant dont on ignore tout et paré des seules qualités que celles assurées par le vendeur ; mais là, c'est presque jouer à la loterie.

De toute façon, la présence d'un reproducteur complique la gestion d'un troupeau, comment laisser un père avec ses filles sans aller droit à la dégénérescence ? Enfin, il n'est un mystère pour personne qu'un taureau d'un certain âge (et il faut bien attendre qu'il ait un certain âge pour juger de la valeur de ses produits) n'est pas une bête qui pèche par excès de patience et de franchise. J'ai cinq enfants et, en été, une foule de neveux et nièces qui galopent dans les prés et les bois de Marcillac, je ne veux pas de corrida.

Avec l'insémination artificielle je ne cours pas ce risque et, surtout, je mets à la disposition de mes vaches la semence de reproducteurs à qui on pourrait reprocher d'être trop beaux, trop sélectionnés, presque sophistiqués.

Je ne plaisante pas et si je devais faire une critique au principe de l'insémination artificielle, il serait là, dans cette quête incessante de la perfection du produit qui, un jour, risque de basculer vers la fragilité, la délicatesse, le manque de résistance aux maladies bénignes. Mais nous n'en sommes pas encore là.

En revanche, je laisse à quelques farceurs le soin de pontifier que le lait de vaches inséminées artificiellement est moins bon que celui des bêtes saillies naturellement ! On peut très bien être prix Nobel et ne pas résister à la tentation d'épater, à bon compte, les ignares ; pourquoi se priver de ce plaisir puisqu'ils n'attendent que ça et gobent avec délices les bourdes les plus grosses.

Revenons au concret. J'ai expliqué, plus haut, ce qui m'avait poussé à choisir une spécialisation axée sur le veau de lait. Mis à part le fait que c'est la vocation naturelle de la région — surtout depuis la quasi-disparition des primeurs — et que la race limousine se prête admirablement à cette production, l'atout majeur de cet élevage réside dans l'impossibilité de bien le réussir à l'échelon industriel, cela le classe parmi les produits rares.

Lorsque l'on est à la tête d'une petite ferme, il est dangereux de chercher à copier les grandes exploitations ; quant à vouloir leur faire concurrence, cela relève de l'utopie. Ce qu'il faut, c'est fabriquer les produits qu'elles ne peuvent convenablement obtenir à cause de leur gigantisme.

Le veau extra-blanc est un animal de luxe, le luxe est du ressort de l'artisanat et non de l'industrie. Du moins en était-il ainsi lorsque je me lançai dans cette voie. Ce que je cherchais c'était contrebalancer le handicap de la quantité par la force de la qualité.

On n'apprend pas, du jour au lendemain, à « faire » du veau blanc ; mais avant d'aller plus loin et comme certains lecteurs ignorent ce qu'est le vrai veau blanc, regardons de quoi il retourne.

C'est un animal de trois à quatre mois, dont le poids varie entre 150 et 180 kg. Sa qualité réside dans la tendresse et la pâleur de sa viande auxquelles s'ajoute un rendement exceptionnel, 70 pour 100 et parfois plus.

Ce qui signifie qu'un veau pesant 100 kg sur pieds donnera 70 kg en carcasse.

Quant à son goût il est, paraît-il, d'une grande finesse. Je dis : paraît-il car mes moyens ne me permettent pas souvent de déguster ce mets et que, de toute façon, lorsque j'ai dans mon assiette cette viande blanche et trop fondante issue d'un animal carencé et anémié, je ne l'apprécie pas à sa juste valeur.

D'aucuns vont penser que je saborde ma production. Non. Il y aura toujours des consommateurs qui aimeront cette viande et seront prêts à la payer ; beaucoup de gens trouvent que le caviar sent le poisson avancé, mais ceux qui l'aiment l'achètent à prix d'or, ou presque. Il en est de même pour le veau blanc.

J'ai dit carencé et anémié, cela ne signifie pas malade. Si certains veaux deviennent blancs cela tient, entre autres, à l'alimentation exclusivement lactée qu'ils reçoivent de leur mère et à la vie paisible qu'on leur réserve.

Je me dois ici de tranquilliser les âmes sensibles et les amis des bêtes. Le veau ne subit aucun traitement barbare, tout ce qu'on lui demande c'est de boire le maximum de lait, de dormir tout son saoul et de prendre du poids (1 kg par jour est une bonne moyenne). Bien sûr, on peut toujours s'insurger contre le fait que le veau soit gardé à l'étable, dans des boxes, et qu'on lui mette une muselière pour l'empêcher de mâchouiller sa litière.

Pourquoi un tel traitement ? Dans le but d'obtenir cette viande blanche citée plus haut et ce le plus rapidement possible. Si l'on expédie le veau dehors, il s'expose aux rayons ultraviolets et rougit naturellement ; de plus, très jeune, il broutille et déclenche ainsi le mécanisme de la rumination, sa viande change à la fois de goût et de couleur, elle est sans rapport avec celle que veulent les amateurs. Enfin, un veau au pré gambade, se dépense et croît plus lentement qu'un animal à qui aucun effort n'est demandé, sauf celui de téter.

Considéré sous un angle purement sentimental, il va de soi que l'on préfère la vie d'un veau de plein air à celle d'un veau d'étable. On pense que le premier est, de loin, le plus heureux. Encore faudrait-il déterminer ce qu'est le bonheur pour un veau et là, ça nous entraînerait très loin.

Beaucoup de bêtises sont dites ou écrites sur la vie misérable des veaux d'étables. J'ai même lu qu'on empêchait les animaux de se coucher et que, coincés dans leur box en permanence debout, on leur mettait par surcroît des œillères pour favoriser leur sommeil... J'ai caché le journal car si mes vaches avaient pris connaissance de cet article elles auraient ri jusqu'à en perdre leur lait !

Mais laissons à leurs archets ces titilleurs de fibres sensibles, ils ont encore de beaux jours devant eux. Quand ils seront fatigués de « faire » les veaux, ils pourront toujours se rabattre sur le scandaleux gavage des oies, l'horrible forçage des poulets, ou l'ignoble castration des taurillons ou des poulains, quel programme !

En fait de programme, c'en est un de réussir un veau extra-blanc. D'abord il est maintenant presque prouvé que certains géniteurs sont plus ou moins prédisposés à la transmission de ce caractère blanc. Le veau serait donc congénitalement blanc et les soins qu'on lui apporte ne feraient que renforcer sa tendance naturelle. J'ignore si les chercheurs de l'Institut national de recherches agronomiques peuvent scientifiquement démontrer cette thèse. Je sais, quant à moi, que certains sujets ne sont jamais extra-blancs et ce quoi qu'on fasse. Je sais aussi que les bouchers connaissent les étables à veaux extra-blancs, ils s'y fournissent à coup sûr.

On en revient là à ce que je disais de la sélection d'un troupeau et combien il est important de conserver ses vêles. C'est ainsi que l'on crée une souche à vocation bien définie.

Cela dit, observons le veau de sa naissance à son apothéose sous forme de rôti ou d'escalopes. Il vient de naître, c'est un mâle, son destin est donc tracé. Le combat commence entre lui et son éleveur. Car c'est un combat où la bouderie de l'un n'aura d'égal que les cajoleries de l'autre. L'un doit téter, il le fait, mais souvent il manque d'appétit. La quiète vie qu'il mène ne prédispose pas à la boulimie. Plus il sera gros et blanc, moins il aura faim.

C'est là qu'interviennent les flatteries de l'éleveur. Ce dernier a quelques « trucs » à sa disposition. Il les tient de son père ou les a découverts petit à petit. Je ne vais pas abattre mes cartes, j'ai mis trop de temps à les réunir, aussi ne dirai-je pas tout. Je pense néanmoins en expliquer assez pour prouver que les éleveurs ne sont pas des tortionnaires.

Ce qui compte, avant tout, c'est de mettre l'animal dans de confortables conditions ; une bonne litière bien sèche, un box aéré, une température moyenne, une pénombre naturelle propice à la sieste et enfin, le maximum de silence et d'hygiène.

Il est ensuite indispensable de respecter un horaire rigoureux pour les tétées, faute de quoi le veau ne parviendra pas à créer son rythme repas-digestion-sommeil-repas, etc. Si l'on avance l'heure du repas, il n'a pas faim, si on la retarde trop, il s'inquiète. Or, le veau doit rester paisible. Pour cela on ira jusqu'à le panser régulièrement, à la brosse douce, de façon à éliminer les parasites qui pourraient lui causer des démangeaisons, lesquelles entraîneraient sa nervosité.

Reste l'alimentation. Elle doit être riche et nourrissante. Les vaches limousines donnent un lait à fort pourcentage de matières grasses, il est parfait. Malheureusement, s'il est gras, il est peu abondant et il est rare qu'une vache soit suffisante pour amener le veau à un poids convenable.

Arrive la période où le veau, quoique peu affamé, n'a plus tout à fait ce qu'il lui faut, il ne maigrit pas mais n'engraisse plus. C'est alors qu'interviennent les « tantes ». Ce sont les bêtes en lactation qui n'ont plus de nourrissons, ou qui ont trop de lait pour lui, à qui l'on confie le soin de supplémenter l'animal en cours d'engraissement. C'est très souvent du sport pour l'éleveur.

Toutes les vaches n'acceptent pas ce « neveu », surtout s'il n'est pas de la même race, ce qui est souvent le cas. J'utilise ainsi des frisonnes comme nourrices, elles sont blanc et noir, le veau est blond.

Les scientifiques ont beau assurer que les vaches voient tout en gris, je me demande, moi, si elles sont au courant de cette découverte... En effet, elles subissent beaucoup plus facilement un veau de même race qu'elles et regardent d'un sale œil les « étrangers ». Peut-être est-ce uniquement l'odeur qui détermine leur préférence, mais c'est douteux.

S'il a de l'appétit, et s'il n'est pas trop mal reçu, le veau, lui, n'est pas raciste, il tète n'importe quelle vache. Parfois l'éleveur ne dispose pas de « tante » et devra alimenter le veau avec du lait en poudre, ce ne sera qu'un supplément, l'alimentation principale du veau extra reste le lait maternel.

Je pourrais parler encore longtemps de la production du veau blanc, révéler quelques recettes naturelles dont use l'éleveur pour exciter son appétit, aborder les accidents de parcours qui surgissent souvent — indigestion, diarrhée — et appellent un traitement aussi rapide qu'énergique, mais je craindrais de lasser.

Je pense que les détails sur lesquels je me suis arrêté prouvent bien que la production du veau reste, par la force des choses, du domaine de l'artisanat. Elle est trop astreignante et individuelle (dans le sens où aucun animal ne demande les mêmes traitements) pour être planifiée.

Il existe pourtant, depuis quelques années, des élevages industriels où, parfois, jusqu'à 500 veaux sont engraissés à la fois à l'aide de nourrisseurs automatiques distribuant une alimentation adéquate. Entendons par là un lait reconstitué, vitaminé, aseptisé. Comme une telle concentration favorise l'expansion de toutes les épizooties possibles et imaginables, il est indispensable d'établir une défense sanitaire sous forme préventive (vaccinations diverses) et, si c'est insuffisant, d'intervenir dès les premiers symptômes en jetant dans la bataille toute la gamme des antibiotiques.

De plus, pour favoriser la croissance de ces animaux, on les soumettra, parfois, à l'implantation. Mais qu'est-ce que l'implantation ? Ni plus ni moins que l'injection d'hormones. Voilà le mot lâché. Partant de là, il me serait facile de critiquer l'élevage industriel. Je ne le ferai pas car il faut être objectif. Il est trop simple de crier haro, c'est un bon système pour entraîner derrière soi une opinion publique qui, dans bien des cas, semble trouver une jouissance à être abusée. Malheureusement elle ne fait plus la part des choses et en arrive vite à la condamnation systématique de toutes les productions agricoles.

De toute façon, me dira-t-on, l'implantation est interdite par la loi. C'est exact. Il est interdit d'injecter des hormones artificielles dans le but d'accélérer la croissance d'un animal. En revanche, il n'est pas défendu d'user d'hormones naturelles à titre thérapeutique. Sans chercher à savoir si la loi est mal faite, voyons plutôt si l'opération est aussi nocive qu'on le dit. Franchement je ne le crois pas. Les trois ou quatre mois qui s'écoulent entre l'implantation et l'abattage suffisent amplement pour que s'élimine la majeure partie de l'infime dose d'hormones glissée sous la peau du nouveau-né ; rien de comparable donc avec les poulets qui, eux, ne vivent que quelques semaines et ne peuvent évacuer les hormones. En admettant même qu'il reste quelques résidus dans les veaux il faudrait, pour qu'ils deviennent actifs et dangereux, que les consommateurs mangent pendant plusieurs mois, à chaque repas, du veau implanté. C'est absolument inconcevable et ce pour la bonne raison que de très nombreux veaux ne sont pas implantés.

Mais revenons à l'élevage industriel. Hormonés ou pas, les veaux qui sortent de ces espèces d'usines sont beaux et comestibles. Je ne sais pas s'ils sont succulents ni avantageux (ils « fondent », paraît-il, à la cuisson), ils ont de toute façon une influence certaine sur le marché de la viande car le tonnage produit de cette façon est important. C'est un sévère handicap pour le petit producteur de veaux de lait. En effet, quoi qu'il fasse, tous ses produits ne seront pas extra (la cotation commence à exceptionnel, puis extra, enfin 1re, 2e, 3e, 4e qualité). Souvent, il fournira de la 1re qualité, mais, déjà, celle-ci est concurrencée par les veaux industriels.

Le tout est de savoir s'il est normal que les uns soient payés le même prix que les autres, si un veau qui n'a jamais bu un litre de vrai lait est à sa place dans toutes les boucheries, si un produit naturel — et qu'y a-t-il de plus naturel qu'un veau tétant sa mère — ne mérite pas un peu plus qu'un produit élaboré artificiellement. Si l'on répond oui aux deux premières questions et non à la troisième, il ne me reste plus qu'à mettre la clé sous la porte, ou à me lancer dans l'élevage industriel.

Je n'en suis pas encore là. J'ai misé naguère, et je continue à le faire, sur le goût des vrais amateurs. On ne les trompera jamais sur la qualité et la provenance d'un rôti de veau, pas plus qu'on ne les trompera sur les foies d'oies des petites fermes et les industriels d'importation, ni sur les truffes du Périgord et les autres, le « champagne » de Californie et le vrai !

Je pensais en avoir assez dit sur le veau, mais son histoire serait incomplète si elle s'arrêtait là. Allons plus loin et supposons qu'un de mes veaux soit une de ces merveilles dont s'enorgueillit un éleveur.

Il est fin prêt, culard, bien couvert, vraiment blanc comme l'indique l'intérieur de ses paupières et de ses muqueuses et les « poils de lièvre » qui parsèment son pelage. De plus, il sommeille en permanence dans la douce béatitude de l'animal repu. Il va quitter la ferme au prix de... 12 francs (1) le kilo (il est vraiment très

1. Lorsque j'écrivais cet ouvrage, au premier trimestre 1974, les très beaux veaux atteignaient ce prix. Aujourd'hui, en août 74, avant de remettre mon manuscrit à l'éditeur, je ne peux

bien). De son box à ma table familiale, il y a une quinzaine de pas. Ce sont des pas qui pèsent très très lourd. Ces quinze petits mètres vont coûter 2 francs l'unité et si l'envie me prend de goûter à ce produit que l'on me paie 12 francs le kilo, je devrai l'acquérir au prix de 40 francs. Amusant, non ?

Bien entendu, entre-temps, mon veau aura fait du tourisme à la ville, la ville *by nigth*, c'est ruineux.

A peine a-t-il quitté l'étable que, déjà, son prix grimpe. Cela, même si je le vends directement à un boucher, c'est-à-dire sans aucun intermédiaire. Les bouchers appliquent le tarif en s'appuyant sur le principe selon lequel les intermédiaires ont droit à une rémunération. Comme la majorité des transactions se réalise avec les intermédaires, le prix national de la viande est fixé en tenant compte de leur intervention, qu'elle soit effective ou non ; il ne faut surtout pas faire de peine aux toucheurs de viande ! Certains bouchers, qui achètent personnellement aux producteurs, reconnaissent tacitement le scandale de ce système et majorent, un peu, les prix d'achat, ces bouchers sont rares, mais il en existe.

Pour mieux comprendre l'escalade, accompagnons le veau jusqu'au lieu classique de sa vente qui, dans notre région, est le champ de foire.

Là, une seule règle, l'offre et la demande, un seul but : la bonne affaire, un seul principe : pas de sentiments. C'est la jungle. Dès que sonne la cloche autorisant les

---

m'empêcher d'indiquer que les veaux identiques se vendent, péniblement, 9 francs le kilo, soit sur un animal de 160 kg une chute de 480 francs et sur 15 veaux un trou de 7 200 francs. Mais il est vrai qu'en contrepartie on nous alloue une prime de... 200 francs par vache jusqu'à 15 vaches soit 3 000 francs. Comment osons-nous encore nous plaindre, je vous le demande !

transactions, c'est la ruée, les fauves s'élancent, en l'occurrence les expéditeurs et leurs commis, les rabatteurs, les chevillards.

Tous les arguments leur sont bons pour acheter au meilleur prix. Ce sont des comédiens de génie, des psychologues qui s'ignorent. Ils devinent leur rôle en fonction du vendeur, tour à tour cauteleux, condescendants, amicaux, complices, démagogues, magnanimes, rigolards, coléreux ; ils prient, supplient, adjurent, menacent. S'ils le pouvaient, ils iraient parfois jusqu'à pleurer pour arriver à leurs fins.

L'affaire est conclue. Dès cet instant le veau prend de la valeur. Le coup de ciseau qui le marque n'est pas gratuit il faut bien que l'acheteur gagne sa vie. C'est la première augmentation.

Puis interviendront le prix du transport, la revente au grossiste, la taxe d'abattage, les frais d'abattoir, la revente au semi-grossiste et tous les frais généraux de ce dernier (stockage, transport, etc.) enfin la revente au boucher qui ajoutera au tout sa marge bénéficiaire.

Vente, revente, supervente, hypervente, taxes, frais divers, pourcentages à tous les échelons, tel est le cycle suivi par tous les produits qui sortent de la majorité des fermes.

Si l'on tente de remonter le fleuve, on constate que tout le monde a d'excellentes raisons pour apporter de l'eau à cette crue d'augmentations. Le boucher rétorque que tout le veau ne finit pas en rôti, c'est vrai, mais les bas morceaux sont quand même à un haut prix, y compris les pieds à la vinaigrette. Quant à tous les autres, les toucheurs de viande, principaux artisans de la hausse, ils s'abritent derrière des frais aussi divers que mystérieux.

Ils ont bon dos, les frais — je parle des frais réels,

pas des bénéfices pris au passage — que l'on sache seulement que les frais dits d'abattage sont couverts par la vente des abats et de la peau et la seule explication qui reste valable est qu'il faut prendre l'argent où il se trouve, c'est-à-dire chez les producteurs et les consommateurs. Et c'est bien pour cela qu'aucun gouvernement, d'aucun temps, n'a vraiment voulu supprimer les intermédiaires. Ne sont-ils pas d'excellents collecteurs de fonds ? Fonds imposés puisque l'Etat opère sa ponction à tous les étages. Quelle aubaine pour un ministre des Finances !

Sans doute va-t-on me demander maintenant pourquoi les producteurs ne s'organisent pas de façon à diriger eux-mêmes leurs affaires, à se passer au maximum des intermédiaires. Ils essaient, réussissent parfois, échouent plus souvent, hélas !

Les S. I. C. A., ou Sociétés d'intérêt collectif agricole, furent créées dans le but de gérer des installations et d'assurer la fourniture de services au profit des agriculteurs.

Il existe des S. I. C. A., spécialisées dans presque toutes les productions. Mais nous parlions de la viande, voyons le cas d'une S. I. C. A. viande. Son rôle est, non de remplacer, mais de supprimer une partie des intermédiaires. Grâce à ce circuit raccourci au maximum, il devient possible de mieux payer le producteur et de vendre meilleur marché aux consommateurs.

Excellent principe. Las ! tout est beaucoup moins simple qu'il n'y paraît. En effet, dès sa création, la S. I. C. A. se trouvera en compétition directe avec les professionnels de la viande, avec tous ceux qui vivent du long périple qu'ils lui font astucieusement parcourir. Pour avoir une idée des difficultés rencontrées, ne perdons jamais de vue que le marché de la viande représente un nombre très respectable de milliards de francs...

La S. I. C. A. qui nous intéresse est pleine de bonne volonté, c'est son unique richesse, dans le commerce, ça ne compte pas. Pas plus que ne comptera beaucoup la viande qu'elle proposera car, comme par hasard, il se trouvera généralement « quelqu'un » qui offrira une viande identique à un prix inférieur ; il est des sacrifices qui sont parfois payants. Des sacrifices qui, d'ailleurs, n'en sont pas car la viande offerte sera d'importation et acquise à bon prix...

La S. I. C. A., elle, n'a pas le droit d'acheter à l'étranger et de stocker les quartiers qui, au moment propice, pèseront très lourd dans l'obtention d'un marché, elle n'est pas créée pour ces jeux-là.

Donc, si la S. I. C. A. survit, c'est chichement. Elle ne peut même pas se rattraper lorsque les frontières sont fermées et les stocks épuisés. Supposons qu'elle ait conquis un marché, elle s'est engagée sur un prix et se doit de le tenir. Alors, une fois encore, comme par hasard, d'une foire à l'autre les prix augmenteront à la production. Ils augmenteront car tel est le bon plaisir des professionnels qui ont tout intérêt, de temps en temps, à faire la preuve que les adhérents à la S. I. C. A. perdent de l'argent. Et ils en perdent les malheureux puisque la S. I. C. A., dépourvue de grosses réserves financières qui lui permettraient de résister, ne peut leur offrir plus que ne lui permet le marché qu'elle doit approvisionner et vis-à-vis duquel elle a des engagements !

Quant aux autres, les intermédiaires, ils savent qu'il est de bonne politique d'être, parfois, magnanime. De toute façon, quelqu'un paiera la hausse, soit le consommateur en achetant la viande, soit le producteur à la foire suivante. Etonnerai-je quelqu'un en disant que beaucoup de S. I. C. A. déposent leur bilan ?

Et pourtant, en théorie, elles devraient êtres viables. Peut-être le seraient-elles si le marché de la viande était stable et les cours réguliers. Ce n'est pas du tout le cas. En 1953, le gouvernement, pensant bien faire, autorisa la création des Sociétés interprofessionnelles du bétail et de la viande (S. I. B. E. V.), elles devaient agir comme régulateur. Lorsque le marché était encombré et les prix très bas, elles achetaient à prix moyen, stockaient ou revendaient à l'étranger. Si, en revanche, un approvisionnement restreint entraînait une trop forte hausse, elles équilibraient les cours en remettant en circulation ou en important les stocks. Les prix devaient ainsi rester stables et corrects.

Le principe avait du bon. Mais, comme toujours, hélas, pour éviter de se brouiller avec les chevillards, ce furent eux que l'on chargea des achats. Autant mettre un renard dans le poulailler !

Il existe aussi, depuis peu, l'Office national interprofessionnel du bétail et des viandes (O. N. I. B. E. V.) dont l'action devrait être plus importante et plus efficace que celle des S. I. B. E. V. Mais (et ça tourne à la blague !) une « malédiction » semble s'acharner sur le circuit de la viande. L'O. N. I. B. E. V. existe mais ne fonctionne pour ainsi dire pas et ce pour la bonne raison qu'on ne lui a pas donné les moyens financiers nécessaires. Son rôle est donc très réduit, l'argent, toujours lui, reste le seul maître du marché de la viande.

J'ai simplifié, le processus est beaucoup moins clair

et tout s'en mêle pour le compliquer à l'extrême. La politique, entre autres. Certains élus ont tout intérêt à ce qu'une S. I. C. A. fasse faillite, ils s'emploient donc à la précipiter. Cela fait, ils ont beau jeu de dire que rien n'est fait pour défendre les éleveurs. D'autres, au contraire, ont besoin que les S. I. C. A. de leur circonscription résistent et survivent, ne sont-elles pas la preuve éclatante que l'on s'occupe des ruraux !

Mais laissons cette cuisine, répugnante puisque électorale, et achevons ce chapitre sur une note moins sévère. Je conseille aux amateurs de viande rouge de demander, ingénument, à leur boucher si son steak provient d'une vache ou d'un bœuf. Je sais qu'il vous jurera ses grands dieux que c'est du bœuf. Ne le croyez pas trop, dans neuf cas sur dix il vous vendra de la vache ou de la génisse transformée en bœuf par le miracle de la commercialisation. Ne lui en veuillez surtout pas, la viande d'une jeune vache est souvent supérieure à celle d'un bœuf.

Mais, à cause des coups qu'elle est supposée donner, de sa peau dont on affuble certains et de la mort qu'on leur souhaite un peu partout, la vache a mauvaise presse.

4

LE PRIX DE LA CHANCE

J'ai dit plus haut pourquoi, lors de mon installation, je n'avais pu, comme je l'aurais désiré, m'associer avec un ou plusieurs voisins. Grande différence d'âge, oppositions des conceptions de l'agriculture et enfin, scepticisme très logique de ces vieux agriculteurs devant les méthodes que je voulais appliquer.

Sans aller jusqu'à souhaiter que je termine mon aventure en faillite, ils attendaient, avec patience, que je fasse mes preuves. Cette observation minutieuse dont je me savais l'objet, s'ajoutant à l'obligation où j'étais de réussir ou de changer de métier, m'obligea à m'accrocher à mes 19 ha 50 ares.

Je voulais faire de l'élevage, il me fallait donc de l'herbe. Toute ma surface cultivable fut consacrée à cette production, y compris, pour finir, le jardin potager. Il est vrai qu'il ne valait pas grand-chose pour le jardinage.

Malgré tout, je tentai, pendant trois ou quatre ans, de lui faire produire les légumes qui nous étaient nécessaires. Vint le jour où je fis le calcul de sa rentabilité, elle se révéla voisine de zéro. L'achat des graines et des plants, le tonnage du fumier indispensable et surtout le temps que je devais consacrer à cette surface n'étaient pas justifiés par son rendement.

Nous n'avions encore que deux enfants, les légumes vendus par les voisins étaient bon marché et excellents (aujourd'hui ils sont toujours très bons mais grèveraient sérieusement notre budget si nous devions les acheter ; j'ai de nouveau un potager, un vrai, nous verrons comment), le jardin devint une prairie.

J'avais juste eu le temps de reprendre en main les terres de Marcillac, de créer mes prairies, d'agrandir mon troupeau, quand la chance se manifesta. Une ferme voisine, cultivée jusque-là par un fermier, fut mise en vente. La chance, je le répète, travailla en ma faveur. En effet, le fermier ne désirait plus reprendre un bail et n'était pas intéressé par l'achat ; de son côté, le propriétaire, pressé de conclure ailleurs une autre affaire, n'était pas exigeant quant au prix ; enfin, aucun de mes voisins ne se porta acquéreur. Je me retrouvai le seul interlocuteur valable. Je menai rondement l'opération et acquis une quinzaine d'hectares pour un prix raisonnable.

Une providentielle coupe de bois (tant sur Marcillac que sur mes nouveaux terrains) fut la bienvenue pour renflouer un peu mes finances. Elles en avaient grand besoin.

J'étais placé devant le problème majeur que rencontrent beaucoup de ruraux, la quasi-impossibilité d'acheter et, parallèlement, de mettre en valeur les nouvelles terres. L'argent consacré à leur achat fait défaut pour la remise en état. On se trouve ainsi riche de terres et pauvre de moyens, exactement comme le possesseur d'une voiture — indispensable à son métier — qui ne pourrait payer les assurances et le carburant. Il a une voiture qui ne peut rouler, j'avais 15 ha qui risquaient de demeurer improductifs.

Pas une seule parcelle n'était clôturée, et si une partie, une fois transformée en prairie artificielle, était d'une valeur certaine, elle ne prenait sa pleine rentabilité que dans la mesure où je pourrais y mettre mes bêtes.

Je m'attaquai aux clôtures. Ce n'est pas toujours facile de travailler seul, surtout pour tendre du fil barbelé ou du grillage. Je parvins cependant à clore la majorité de mes nouvelles terres. Elles étaient presque toutes mitoyennes avec celles de Marcillac, cela me permit de constituer de vastes parcs.

En un an je posai 3,500 km de grillage et 7 km de barbelés. Dans le même temps, je labourai les vieilles prairies et les réensemençai. Déjà, pour les voisins, cette opération n'était plus une révolution. Force leur était de constater que, grâce à elle, je récoltais trois fois plus de fourrage qu'eux sur une surface identique.

Si je m'étais astreint à poser 3,500 km de grillage, ce n'était pas par goût du luxe, ni pour mes vaches. Pour elles, quatre rangs de barbelés sont suffisants, il n'en va pas de même pour les moutons. Je voulais des moutons, eux seuls pouvaient tirer parti de plusieurs hectares de buissons et de ronces, de mauvais pacages absolument incultivables à cause de leur pente très accentuée. Ces étendues, qui font beaucoup d'effet dans la surface totale, sont d'un rapport annuel voisin de zéro. Les moutons ou les chèvres les revalorisent un peu en glanant, çà et là, la bruyère ou les ronces. Je n'ai pas une grande sympathie pour les chèvres, elles ont ce vice impardonnable de détruire les arbrisseaux, d'installer le désert. Les moutons sont un peu moins ravageurs.

Une fois encore, je choisis ce que la région recelait, les brebis limousines. Ce sont des bêtes très rustiques, habituées au rude climat, aux longs et froids hivers de la haute Corrèze, aux bruyères du plateau de Millevaches. Je n'avais pas d'étable à mettre à leur disposition, aussi allaient-elles devoir vivre en plein air toute l'année.

J'ouvre ici une parenthèse. J'ai commencé à pratiquer le plein air avec les moutons, aujourd'hui, dans la mesure du possible, je le poursuis avec les vaches. Invariablement, chaque hiver, j'entends çà et là cette réflexion :

— Les pauvres bêtes ! Elles doivent mourir de froid ! J'espère que vous ne les laissez pas coucher dehors au moins ?

Cette espèce d'identification avec les animaux, quels qu'ils soient, m'a toujours amusé. Quel rapport y a-t-il, je vous le demande, entre les braves ruminants de tous temps créés pour affronter les intempéries et les omnivores ramollis que nous sommes ? Aucun sur le plan physique (pour le psychique, je vous laisse toute liberté pour établir les points communs), aussi mes bêtes — sauf celles qui sont en lactation — couchent-elles dehors qu'il neige, pleuve, grêle ou gèle, et elles s'en portent mieux.

Déjà quelques âmes sensibles doivent me traiter de tous les noms et s'apprêtent peut-être à me dénoncer à la Société protectrice des animaux. Aussi vais-je leur donner quelques explications qui leur permettront, sinon de réserver leur trop-plein d'amour pour leurs frères humains, du moins de ne plus se scandaliser ni de traiter les paysans de sans-cœur lorsque, au hasard d'une promenade en hiver, ils tomberont en arrêt devant un troupeau de vaches.

Qu'ils sachent d'abord qu'aucun propriétaire n'a intérêt à ce que ses bêtes souffrent en quoi que ce soit, un animal qui souffre ne produit rien. Si l'on veut bien admettre que tous les éleveurs gagnent leur vie grâce à leur troupeau, leur intérêt n'est pas de le laisser dépérir.

Ensuite, et contrairement à ce qui est cru, ce n'est pas le froid, mais l'humidité qui gêne les bêtes. Un bovin bien nourri commence à ressentir le froid aux environs de — 20°, ce n'est pas une température courante. En revanche, l'humidité le dérange, pas la pluie, le pelage d'une vache vaut toutes les couvertures, mais l'humidité du sol. Les bêtes aiment avoir les pieds secs, elles fuient la boue.

Un bon parc d'hiver devra donc être un terrain qui draine bien l'eau. Si tous les éleveurs ne peuvent pratiquer le plein air, c'est à cause de cela et non du froid. De plus, dans un pré spongieux, les vaches ont cinq bouches, une normale avec des dents, quatre, moins connues, qui portent des sabots. Rien ne défonce mieux une prairie humide que le piétinement d'un troupeau.

Si je m'étends sur ce sujet c'est pour faire comprendre que, sauf très rares exceptions, les bovins que l'on voit dehors en hiver ne souffrent pas. Bien nourries — et pourquoi ne le seraient-elles pas ? — les vaches ne craignent pas le froid ; de plus, si le propriétaire les laisse dehors, c'est qu'elles n'abîment pas le sol, puisqu'elles ne l'abîment pas c'est qu'il n'est pas excessivement humide, donc elles y sont bien.

Je ne suis pas certain d'avoir convaincu tout le monde ; certains vont me dire qu'à tel endroit, ils ont vu un troupeau avec de la boue jusqu'au ventre. Je sais, il existe aussi des bourreaux d'enfants, mais est-ce le cas de tous les parents ? Pour ce qui concerne le plein air, je tiens d'un de mes amis vétérinaire l'aveu suivant : sa solide clientèle n'est pas dans les bêtes de plein air, mais dans celles qui restent tout l'hiver à l'étable.

Pour clore ce sujet, je laisse l'histoire qui suit à la méditation des inconditionnels amis des bêtes — ce sont souvent ceux qui, sans faiblir, font castrer leur chat et rendent leur chien complètement névropathe à force de le prendre pour un enfant. Dans un de mes parcs se trouve une étable, la porte est ouverte en permanence de façon que les bêtes qui le désirent puissent, en hiver, s'y abriter. Elles n'y mettent pas les pieds, préfèrent rester en plein vent, dormir dehors quel que soit le temps et même, oh scandale ! vêler dans la neige ! Ira-t-on jusqu'à les croire assez stupides pour ne pas savoir choisir d'instinct ce qui leur convient le mieux ?

Mais revenons à nos brebis. Je voulais des limousines, j'allai les chercher dans leur berceau, au-dessus de Meymac, juste à côté du plateau de Millevaches.

J'achetai 21 agnelles, qui, je m'en souviens bien, me coûtèrent 150 francs pièce. Des brebis sans bélier, c'est bon pour le petit Trianon, pas pour une ferme. J'acquis un bélier de race Southdown — une race à viande — dont le croisement avec les limousines devait me donner de très beaux produits. A lui seul le bélier me coûta 300 francs, il les valait bien.

Il n'était pas surchargé de travail, aussi toutes les brebis s'empressèrent de lui témoigner leur gratitude dès le printemps suivant en lui donnant qui un, qui deux agneaux. C'était magnifique et rentable. Les moutons ne demandaient comme seul travail qu'une facile surveillance journalière et, en hiver, le transport du fourrage nécessaire.

Tout alla très bien jusqu'à un matin de décembre 1965. Ce jour-là, comme d'habitude, j'allais porter le foin à mes moutons. Je pressentis, de loin, qu'une catastrophe s'était produite pendant la nuit. Je compris en m'approchant que mon troupeau n'existait plus. Des chiens étaient passés par là...

Ils n'avaient eu de cesse, ces immondes corniauds, de me massacrer tous les pensionnaires du parc. Seul le bélier — un solide lascar très batailleur — leur avait tenu tête ; il était le seul à être encore debout. Tout autour, c'était le carnage.

De très nombreuses brebis s'étaient tuées en s'assommant dans la clôture ; les autres s'étaient jetées dans les buissons, celles-là n'étaient pas toutes mortes, mais toutes avaient deux ou trois pattes brisées... Quant aux cinq ou six agneaux que je n'avais pas encore vendus, ils ne valaient pas mieux que leurs mères.

Bref, la perte sèche, complète, irrémédiable. Une bête crevée est naturellement invendable, quant à celles dont les pattes étaient brisées elles furent jugées inconsommables par l'abattoir, leur viande était fiévreuse.

L'enquête de gendarmerie ne donna rien ; de plus je n'étais pas assuré pour ce genre de sinistre. Je n'étais pas follement gai ; un brave gendarme parvint pourtant à me faire rire. Lorsque, au cours de la discussion je lui fis part de mon regret de n'avoir pu surprendre les coupables en pleine action, pour les expédier chez leurs ancêtres à coups de fusil de chasse, il me fit cette réponse qui me laissa coi :

— Oui, vous auriez eu raison, mais il n'aurait pas

fallu vous faire surprendre, la Société protectrice des animaux vous aurait sûrement fait des histoires !

On croit rêver ! Il y a, tous les ans, plusieurs milliers de moutons qui périssent sous les dents de chiens errants. Je n'ai jamais entendu dire qu'une quelconque pétition, orchestrée par la grande presse — radio et télévision comprises —, patronnée par quelques vedettes en renom, ait dénoncé ce scandale. En revanche, si un éleveur est vu en train de fusiller le roquet qui court derrière son troupeau, il aura toutes les peines du monde à éviter une amende. Curieuse conception de la protection des animaux celle qui limite son action aux toutous à leur mémère et aux minets neurasthéniques ! Bien sûr, un mouton se plie mal à la vie en appartement, il n'aboie pas et ne saute pas volontiers sur les genoux de son maître. C'est un animal inférieur et stupide, qu'il crève donc !

Depuis quelques années, la mutuelle agricole a mis au point une assurance qui couvre les dégâts occasionnés par les chiens ; la cotisation est peu onéreuse, l'indemnisation correcte. Malgré cela je n'ai pas acheté de nouvelles brebis. J'aime les bêtes et pas uniquement pour le profit pécuniaire qu'elles apportent. Je ne me sens pas le courage de recommencer un jour à charger une trentaine de brebis mutilées dans le camion de l'équarisseur. On aura beau me rembourser de leur perte, rien ne m'enlèvera le dégoût d'avoir à achever des bêtes déchiquetées par un chien ; car, dans ce cas, ce n'est plus l'immolation logique et inéluctable qui sanctionne tous les animaux d'élevage, c'est un massacre répugnant.

Lorsque cette catastrophe se produisit chez nous, nous en ressentîmes durement les effets. Economiquement parlant, les moutons se révélaient très rentables,

25 ou 30 agneaux par an rapportaient alors un minimum de 4 500 francs. C'est une somme lorsqu'on a un budget restreint. Je l'ai dit, dès mon installation, j'avais eu droit au prêt aux jeunes agriculteurs ; il n'était pas énorme et remboursable en neuf ans (aujourd'hui, les prêts sont un peu plus importants, on a fini enfin par s'apercevoir que les jeunes agriculteurs étaient une espèce en voie de disparition), le taux d'intérêt était faible, mais, tous les ans, je devais régler une échéance qui pesait lourd.

Ce n'était naturellement pas ma seule sortie d'argent. La mise en valeur des terres coûtait cher, ainsi que les assurances obligatoires, les cotisations à la mutuelle agricole pour les maladies et la retraite, les frais de maison, les frais de ferme (engrais, semences, matériel, etc.), les impôts.

A leur sujet, une légende tenace assure que les agriculteurs ne paient pas d'impôts. Croire cette farce, c'est donner à tous les ministres des Finances de tous les régimes une bonté d'âme et une générosité dont, à l'évidence, ils ignorent jusqu'à l'existence. Soyons sérieux.

S'il était possible d'établir le revenu des petits et moyens exploitants — ce que personne n'est encore parvenu à faire tant le calcul est complexe —, on se rendrait compte que nous payons sans doute plus d'impôts qu'un salarié moyen. Voyons comment.

Nous avons d'abord les impôts directs pour lesquels aucun abattement n'entre en jeu. Ils sont calculés sur la base du revenu cadastral ; chaque parcelle étant censée rapporter un revenu annuel brut établi d'après sa vocation. Viennent en tête du revenu présumé, les terres labourables, prairies, vignes, vergers, etc. Ensuite, peu imposés il est vrai, les bois, landes, taillis. A cela s'ajoutent l'imposition classique sur la maison d'habitation, l'imposition pour frais de Chambre d'agriculture et enfin quelques taxes et cotisations diverses. Voici les impôts directs des petits et moyens exploitants ; pour les grandes fermes il existe d'autres calculs d'imposition.

Cela réglé, nous ne sommes pas pour autant à l'abri. Tout le monde paie des indirects, c'est exact, pour notre part nous les trouvons partout. Ils sont présents et très lourds dans l'achat du matériel, dans celui des engrais, dans le moindre rouleau de barbelé, dans tout ce qui est indispensable à la vie d'une ferme, ils sont là dans le carburant, ce carburant indispensable au travail de nos terres.

Enfin, il a été calculé que par le jeu des droits de mutations, d'enregistrement ou de succession, l'Etat récupérait le prix total de la terre en cinq opérations s'il s'agit d'une vente, en quatre générations s'il s'agit d'une succession. Si ces prélèvements ne sont pas des impôts je me demande comment il faut les baptiser !

Cela dit, la perte de notre troupeau de moutons nous priva d'une entrée d'argent sur laquelle nous comptions. Il fallut pourtant nous en passer. Mais cette histoire tombait vraiment mal. J'avais en effet entrepris de défricher deux hectares de bois, et bien que la C. U. M. A. (Coopérative d'utilisation de matériel agricole) soit un peu moins coûteuse qu'un entrepreneur, il fallait quand même payer les heures que le bulldozer avait passées à arracher les souches. Si j'avais eu les moyens, j'aurais confié à la C. U. M. A. le soin de bien finir le travail. Je jugeai plus économique d'achever seul le chantier.

Heureusement, j'avais vu grand lors de l'achat de mon matériel ! Je pus faire un bon labour de défonçage et extirper les derniers blocs de pierres, les dernières souches. Ce furent surtout les pierres qui me donnèrent du travail, elles provenaient des anciennes murettes qui, avant l'arrivée du phylloxera à la fin du siècle dernier, soutenaient les vignes dont cette pièce était couverte.

Quand tout fut labouré, le plus fastidieux commença ; le ramassage de toutes les racines et des cailloux. Je ne me sentais pas d'attaque pour mener seul et vite une pareille corvée. Je fis appel à un voisin. A nous deux, nous ramassâmes plus de 100 remorques de blocs de grès et de racines, ce qui représente au moins 300 mètres cubes de déblais.

J'aimerais pouvoir dire que notre travail fut couronné de succès. Il n'en fut rien. Le désouchage au bulldozer, fait dans de mauvaises conditions (sol beaucoup trop humide) avait remonté à la surface une terre complètement stérile et enfoui dans la profondeur du sous-sol l'épaisse couche d'humus fabriquée par soixante-dix ans de forêt.

Mes premiers semis furent catastrophiques. Rien ne sortit, vraiment rien... Mais j'avais trop transpiré sur ces deux hectares pour en abandonner l'exploitation. Je m'entêtai. Il me fallut plusieurs années de soins, plusieurs dizaines de tonnes de fumier, quelques tonnes d'engrais, un travail de drainage et une patience de paysan pour arriver, enfin, à un résultat satisfaisant.

Aujourd'hui, j'ai deux hectares de prairie. Je suis payé de ma peine. Au moment des foins, c'est dans cette pièce que je ressens le plus de plaisir à ramasser le fourrage. Si j'osais, j'irais presque jusqu'à me persuader que c'est le meilleur !

La chance ou le destin m'ont plusieurs fois souri. Il faut y croire. Mes moutons à peine disparus, le sort joua de nouveau en ma faveur. On me proposa de collaborer à un hebdomadaire agricole. Je n'hésitai pas.

Moyennant une honnête rétribution, on me chargea du soin d'écrire l'éditorial. Ce ne fut pas toujours facile. Présenter, chaque semaine, quatre pages dactylographiées, pose beaucoup de problèmes lorsqu'on n'est pas journaliste professionnel. Le choix du thème à traiter en est un, le temps pour rédiger l'article un autre.

Il m'arriva, surtout pendant les gros travaux, de me sentir absolument incapable, non seulement d'écrire une seule ligne, mais même d'y penser. Malgré tout mon article partit toutes les semaines, et pendant presque deux ans, jusqu'à la disparition du journal.

Cette période m'obligea à me replonger dans tout ce qui touche à l'agriculture de près ou de loin. J'ai volontairement écrit « replonger », le préfixe indique bien que, pendant un temps, je m'étais sinon désintéressé, du moins éloigné de certains problèmes. Je les avais surtout suivis au début de mon installation et, plus précisément, dès mon mariage.

Mon beau-père était alors très versé dans tout ce qui touche les organismes agricoles, que ce soient le syndicalisme, les groupements de producteurs, les coopératives, les Chambres d'agriculture, le Crédit agricole, etc. Il fut de ces agriculteurs modelés jadis par la J. A. C. (Jeunesse agricole catholique). Il faisait partie d'une de ces bonnes cuvées d'avant-guerre, une de celles qui forma la majorité des responsables agricoles d'une époque.

Il faut rendre hommage à la vieille J. A. C., et parler un peu d'elle. On peut le faire d'autant plus sincèrement qu'elle n'existe plus. Ce mouvement fut, avant-guerre, le premier à comprendre que l'évolution de l'agriculture était inconcevable sans un minimum de formation professionnelle.

Il regroupa les jeunes ruraux — futurs exploitants — conscients de leurs responsabilités et aussi de leurs lacunes. Ils s'initièrent, au sein de la J. A. C., aux conceptions de l'agriculture moderne, à l'économie, à la comptabilité, aux techniques d'avant-garde, à la mécanisation.

Elle s'attaqua aussi aux problèmes de l'habitat rural et participa activement à la naissance et à la vie des premiers Centres d'étude technique agricole (C. E. T. A.).

Lorsque les jeunes quittaient la J. A. C., ils devenaient des sortes d'exploitants pilotes qui, par osmose, incitaient les voisins à les imiter. D'autre part, dans la majorité des cas, loin d'abandonner le principe de la formation permanente, ils devenaient les cadres des organisations agricoles.

Pour ma part, j'ai peu connu la J. A. C. A l'époque où j'aurais pu la fréquenter, elle agonisait déjà, achevait sa vie dans un curieux sabordage cléricalo-marxiste. Paix à son âme.

Toutefois, désireux de ne pas perdre tout contact avec la rapide évolution de l'agriculture, j'adhérai à un C. E. T. A. dès mon installation à Marcillac.

Les Centres d'étude technique agricole ont vu le jour

juste après la dernière guerre. Le premier fut créé par un jeune exploitant (ingénieur agricole) qui gérait une grande ferme à La Queue-les-Yvelines. Son but était de regrouper quelques hommes soucieux d'étudier de très près tous les problèmes professionnels et de chercher, ensemble, les solutions.

Les hommes ainsi entraînés à cette recherche systématique de la progression furent, tout naturellement, les premiers à comprendre et à appliquer les méthodes, les techniques, les nouvelles semences, les découvertes que proposait le Centre de recherche agronomique. Les C. E. T. A. essaimèrent dans toute la France et jouèrent un rôle considérable dans l'évolution du monde agricole.

Celui que je fréquentais venait de naître. Il groupait une douzaine d'agriculteurs très conscients de l'indispensable révision de leur optique en matière professionnelle.

Je débutais, je n'avais donc rien à réviser quant à la gestion de ma ferme. De plus, et je le constatai rapidement, les séances de travail traitaient de thèmes qui ne m'étaient en rien nouveaux ; révolution fourragère, emploi des engrais, calcul de rations alimentaires des vaches en fonction de leur état ou de leur âge (génisses, en gestation, en lactation, etc.), organisation du travail ; bref, parfois je me croyais assistant à des cours reçus quelques années plus tôt à Lancosme.

Mais il est sain de se rafraîchir la mémoire et je ne m'ennuyais pas au sein de ce C. E. T. A. J'y fis la connaissance d'hommes lucides et sympathiques qui tous luttaient pour accélérer la progression de leur métier, dans tous les domaines.

Malgré cela je ne fréquentai pas très longtemps le C. E. T. A., je n'avais pas le temps. Les réunions avaient souvent lieu l'après-midi, nous nous rendions généralement chez l'un ou l'autre des adhérents et, après avoir visité son exploitation, nous discutions sur tel ou tel sujet la concernant. C'était intéressant et formateur mais pendant que je parcourais les terres des autres, personne ne s'occupait des miennes.

Déjà, j'avais décidé que, quoi qu'il arrivât, les bêtes devaient recevoir leurs soins à heures fixes. Ce principe, que j'applique toujours, est une contrainte, mais il est l'unique moyen, lorsqu'on est seul, de ne pas se laisser dépasser par les événements. C'est aussi la seule méthode qui permet d'établir un emploi du temps cohérent.

Ainsi tous mes après-midi sont-ils fractionnés en deux, une part avant le soin des bêtes, l'autre ensuite. Je m'occupe tôt de mes bestiaux, disons qu'en hiver j'ai fini mon travail d'étable à la tombée de la nuit. Dès que les jours allongent, cette discipline me permet d'avoir toute ma soirée devant moi, c'est-à-dire plusieurs heures avant la chute du jour. Il est très appréciable, lors des grosses chaleurs, de pouvoir consacrer aux travaux les meilleures heures du jour sans être hanté par la perspective des bêtes qui vous attendent.

Ce principe a des inconvénients ; ainsi m'interdit-il de disposer d'un après-midi complet. Mais il a l'avantage de me laisser parfaitement libre dès que j'ai accompli la corvée des bêtes. Je pense que c'est à Lancosme que j'ai contracté cette habitude ; nous devions avoir fini nos tâches dans un temps donné, il n'y avait pas à sortir de là.

Sans pour autant vivre avec les yeux fixés sur ma montre, je m'efforce toujours de respecter l'horaire que m'impose la découpe d'une journée normale.

Si, aujourd'hui, je trouve les heures indispensables à

la rédaction de cet ouvrage, c'est parce que je me plie à une discipline de travail et à des horaires bien établis.

Spécialisé dans une branche bien déterminée, je consacre à la vie de la ferme les heures qui lui sont nécessaires ; elles varient suivant les saisons mais sont toujours prioritaires. La ferme, une fois servie, je dispose ensuite à ma guise du temps qui me reste. Il ne m'en resterait pas sans l'application d'un strict emploi du temps.

Tout cela pour expliquer qu'il ne m'était pas possible de continuer à fréquenter le C. E. T. A. Je savais très bien ce que je risquais à décaler périodiquement mes horaires de travail. On commence par une réunion de temps en temps puis, de fil en aiguille, on se retrouve embrigadé dans une foule de mouvements divers et ce sont trois après-midi par semaine que l'on passe hors de chez soi. C'est très bien, et louable, lorsqu'on dispose d'une main-d'œuvre, mais c'est peu compatible avec la bonne marche d'une exploitation si personne n'est là pour faire le travail à votre place.

Aujourd'hui, lorsqu'il m'arrive de devoir m'absenter, je demande à un voisin de s'occuper de mes bêtes ; j'ai confiance en lui et je pars tranquille. Mais c'est une solution de dépannage et il ne faut pas en abuser.

De toute façon, en admettant même que j'aie trouvé le temps, je n'aurais pas poursuivi dans la voie du C. E. T. A. J'étais tout à fait d'accord avec l'étude d'une agriculture d'un type nouveau, la mise en application des pratiques modernes. Je ne le fus pas du tout lorsque le C. E. T. A. décida de se lancer dans la comptabilité agricole moderne.

Que l'on me comprenne bien, je suis tout à fait persuadé qu'une comptabilité est absolument indispensable. J'en tiens une et je m'en félicite. Mais, en la matière, je reste attaché à la vieille méthode, celle qui consiste à calculer sur du réel, sur des chiffres qui existent vraiment. S'astreindre à cela n'est déjà pas réjouissant car les résultats sont bien souvent négatifs, mais c'est une obligation si l'on veut savoir où l'on va.

En revanche, je considère qu'il faut être franchement masochiste pour se lancer dans la comptabilité telle qu'elle est conçue actuellement. Pour essayer de la comprendre, jetons un coup d'œil sur les deux méthodes.

Celle que je pratique (comme beaucoup) s'appuie uniquement sur du concret, par exemple la vente d'une vache, l'achat d'engrais, etc. Toutes les opérations financières sont enregistrées. A ces résultats viennent s'ajouter les prélèvements en nature (nourriture de la famille) et déjà les choses se compliquent car on est réduit à des estimations forfaitaires ; je ne vais quand même pas demander à ma femme de peser tous les légumes qu'elle prend dans le potager, ou de mesurer chaque jour le lait que nous consommons. Voilà, sommairement résumée, une forme simplifiée, je le sais, de comptabilité. Elle fait hurler les spécialistes. Quant à moi, elle me suffit pour établir un bilan et tirer les conclusions qui s'imposent.

L'autre comptabilité, la vraie, est beaucoup plus vicieuse, et je me demande parfois si elle n'a pas été créée dans le but d'accélérer l'exode rural, voici pourquoi.

En supplément du calcul banal, dont je viens de parler, s'ajoutent ce que j'appelle les hypothèses puisqu'elles reposent sur le conditionnel ; elles ont pour but d'établir le revenu des entreprises. Exemple : J'ai

55 ha, ils me rapportent, chiffres en main, un revenu brut (pas un bénéfice !) de tant par an. Bien. Je déduis maintenant les coûts de production, c'est élémentaire. Jusque-là tout est parfait. Mais il serait beaucoup trop simple de se contenter de ce résultat ! En effet, supposons que j'aie loué ces 55 hectares, cela aurait représenté la somme de tant. Moralité, cette somme, imaginaire, doit être déduite. Et ce n'est pas fini ! Mon cheptel vif (bétail) et mort (tout le matériel), mes bâtiments, mes stocks, etc., représentent telle somme; si j'avais placé cette somme à 7 ou 8 %, elle m'aurait rapporté tant, comme je ne l'ai pas fait, c'est en quelque sorte un manque à gagner que je retranche !

On juge à quel point de telles investigations sont réjouissantes. Je sais bien que c'est ainsi que se conçoit une comptabilité sérieuse et moderne, je sais surtout que son application systématique entraînerait, dans de nombreuses régions, la disparition pure et simple de 9 fermes sur 10.

Je suis tout à fait partisan d'ouvrir les yeux, mais pas au point de m'en faire éclater la rétine. A l'heure actuelle, toutes les fermes situées dans un rayon de 15 km autour des villes travaillent à perte pour peu qu'elles aient quelques hectares situés en bord de route. Voici pourquoi aucune ne résiste si nous poussons plus loin l'hypothèse de la comptabilité moderne. Dès l'instant où le terrain à vocation agricole se vend au mètre carré pour la construction, je ne vois pas ce qu'il faudrait produire pour que le rapport agricole annuel à l'hectare soit supérieur à la somme obtenue par l'intérêt que rapporteraient ces 10 000 mètres carrés, vendus 15 ou 20 francs le mètre carré, et placés à 7 % !

Je cite cet exemple car il est d'actualité et aussi pour

faire comprendre à quel point est dangereuse une certaine conception de la comptabilité dont le moindre résultat est qu'il est impossible d'évaluer un salaire pour l'exploitant, et dont le pire l'invite à se transformer, au plus vite, en agent immobilier.

Mais que deviendra la campagne, ce jour-là ?

5

DES SYNDICATS ET DE LA POLITIQUE

Délaissant le C. E. T. A., j'aurais pu me lancer dans le syndicalisme. Je n'en fis rien car j'éprouve à son égard les mêmes sentiments qu'envers la politique. J'avoue me sentir incapable de remplir une seule des quatre conditions qui me semblent indispensables pour agir avec succès, tant dans la politique que dans le syndicalisme.

Pour croire et se lancer dans l'un comme dans l'autre, il faut être un saint, ou un naïf, ou un idéaliste, ou un arriviste forcené. Or, il y a vraiment très peu de saints, un bon nombre de naïfs et d'idéalistes — très sympathiques au demeurant — et une majorité d'arrivistes.

J'ai toujours pensé que l'auréole était lourde et d'un port difficile ; que la naïveté et l'idéalisme ne s'acquièrent pas — on naît idéaliste, on demeure naïf envers et contre tout —, j'ai d'ailleurs une certaine admiration pour ceux qui ont ces seuls boucliers comme défense, une admiration d'autant plus sincère que je me sais absolument incapable de subir passivement le centième des coups qu'ils reçoivent sans broncher. Quant à l'arriviste, c'est trop peu dire qu'il me dégoûte puisqu'il doit, pour réussir, abuser aussi longtemps qu'il le faudra de la bonté des naïfs et de la fougue des idéalistes, tout en restant prêt à les trahir sans vergogne dès que le vent tournera.

On comprendra donc que je ne sois pas à la veille d'adhérer à un syndicat. Je ne parle pas, bien entendu, des syndicats de ventes ou d'achats, dont l'action et les buts sont très louables ; je parle des autres. De ceux qui, sur le plan national se font, sinon écouter, du moins entendre, comme la Fédération nationale des syndicats d'exploitants agricoles (F. N. S. E. A.) et le Centre national des jeunes agriculteurs (C. N. J. A.).

Si l'on me demandait ce qui me rebute dans ces syndicats, je serais presque tenté de répondre : tout ! Mais je manquerais de la plus minime objectivité. D'abord parce qu'il ne faut pas les observer en bloc, ni les comparer, ensuite parce que je n'ignore pas qu'ils sont indispensables, ne serait-ce que pour empêcher les ministres de l'Agriculture de s'endormir.

Il faut savoir que le portefeuille de ce ministère incita, pendant soixante ans, tous ses titulaires à la somnolence. Certains parlaient en dormant, d'autres étaient somnambules, aucun n'était efficace.

Confortablement installés dans une politique agricole protectionniste et démagogue instaurée par leur prédécesseur Jules Meline, ils inauguraient, entre deux siestes, quelques comices agricoles, signaient un décret visant à renforcer les privilèges dont bénéficiaient surtout les grandes exploitations, lâchaient des subventions à l'approche des élections puis, bien reposés par quelques mois à l'agriculture, ils cédaient leur place à un collègue ayant besoin de sommeil.

On dormait autant au ministère de l'Agriculture que dans les Chambres du même nom. Au sujet de ces

Chambres d'agriculture (qui sont, auprès des pouvoirs publics, les organes consultatifs et professionnels des intérêts agricoles de leur circonscription), quelques mauvaises langues assurent que nul ne s'aperçut de leur disparition lorsqu'elles furent fermées en 1940 par ordre de Vichy. Il paraît même, mais c'est sûrement du persiflage, que certains membres ne s'éveillèrent qu'en 1949, lorsqu'on les secoua pour leur expliquer que les Chambres avaient de nouveau le droit de remplir leurs fonctions et qu'ils venaient d'être brillamment réélus. On exagère, je pense. D'ailleurs, on ne dort plus dans les Chambres d'agriculture et l'assemblée des sages qui y siège travaille au moins autant et au même rythme que des sénateurs...

Pour en revenir au ministère de l'Agriculture, il faut bien avouer que nous n'avons pas de chance. Sorti en 1958 de son épaisse léthargie, il est tout de suite entré dans le cycle infernal qui, par le jeu de l'assolement-rotation, met à sa tête soit un ambitieux volubile, soit un inadapté plus ou moins discret.

Les ambitieux ont l'avantage de vouloir à tout prix réussir. Ils débordent d'idées, lesquelles sont parfois bonnes ; ils sont pleins de ressources et de fougue. Qui s'en plaindrait ? Personne. Malheureusement, ils s'arrangent pour n'avoir jamais le temps de mener à bien leur mirifique programme. J'avoue, sans ironie, que je le regrette.

Prenons MM. Pisani et Chirac. Voilà deux personnalités bouillonnantes de projets, deux messieurs qui avaient pris leur rôle au sérieux et qui promettaient.

Seul le premier, poussé par les événements, eut le temps d'agir. L'autre passa, tout feu tout flamme, comme un bolide, et laissa à son successeur le soin de reprendre tous les problèmes à zéro.

Personne ne semble avoir encore compris que l'organisation de l'agriculture est un travail de très longue haleine ; qu'un plan doit s'étaler sur des années, et qu'il ne sert strictement à rien de proposer un magnifique programme en surveillant, d'un œil, la place que l'on convoite dans un autre ministère.

Je parlais des ambitieux, ils tentèrent au moins de faire quelque chose. Quant aux autres, oublions-les, leur passage ne fut pas plus important que leur action.

Un seul, peut-être, aurait pu échapper à cette fatalité qui frappe le ministère de l'Agriculture, M. Cointat. Mais il aurait fallu pour cela qu'on lui en laisse le temps et que le ministère des Finances, ce fief redoutable, lui en donne les moyens. M. Cointat fut sans doute le seul qui savait de quoi il parlait, qui connaissait l'agriculture, qui était capable d'avoir, sur ce sujet, des idées un peu plus originales que celles des bureaucrates (inamovibles eux, hélas !) de ce ministère et qui sont, en fait, les vrais ministres. Mais cet ingénieur agronome n'était vraisemblablement pas assez politicien, peut-être aussi avait-il trop d'idées. On l'expédia planter ses choux très loin de Bruxelles.

A l'heure où j'écris, nous venons de toucher un nouveau ministre. Le fait d'être docteur en droit ne lui interdit pas du tout d'avoir un immense amour pour l'agriculture, une parfaite connaissance de nos problèmes et, pour ne pas faillir à la tradition, beaucoup de projets. Il nous a déjà assuré qu'il y avait beaucoup à faire et qu'on allait voir ce qu'on allait voir ! Attendons, mais pas trop...

Si, partant des syndicats, j'ai fait ce saut jusqu'au ministère, c'est parce qu'ils sont censés travailler avec lui. Nous avons vu de quoi il retourne, revenons aux syndicats.

Commençons par la F. N. S. E. A. Il serait malhonnête de ne pas lui reconnaître un rôle de réveille-matin. Son problème, et son drame résident dans le fait qu'elle fut très rarement capable d'engager une conversation sérieuse avec les personnages qu'elle sortit de la léthargie.

Née de la lutte politique ouverte jadis entre la S. F. I. O. et le M. R. P., la F. N. S. E. A ne s'est jamais remise de sa laborieuse naissance. Sa première bourde fut de croire nécessaire d'arborer une couleur politique ; si l'on choisit cette voie, il faut le faire franchement et hisser le pavillon, tout le monde sait alors à quoi s'en tenir.

Mais la F. N. S. E. A. ne voulait se brouiller avec personne, elle s'installa donc entre deux chaises. C'est une position pour le moins inconfortable et révélatrice d'un esprit indécis et attentiste.

Soucieuse de survivre, elle chercha et parvint à s'attirer les bonnes grâces des gros exploitants, lesquels sont minoritaires en nombre mais majoritaires en moyens. Il n'y a pas trente-six méthodes pour les apprivoiser. Il suffit de s'accrocher à la défense des prix à la production, de se battre bec et ongles pour obtenir quelques centimes d'augmentation et de tenir pour suspect tout ce qui n'est pas en rapport direct avec ces fameux prix.

Il est facile de comprendre que les augmentations de prix ne profitent qu'aux grandes exploitations et encouragent les autres à une redoutable indécision. 3 centimes d'augmentation par litre de lait ne changent rien pour le petit agriculteur qui en livre 50 litres par jour, tout au plus lui laisse-t-elle entrevoir que, peut-être, un jour, ça ira mieux... Il n'en est pas de même pour celui qui fournit 1 000 litres. Cet exemple ne s'applique pas qu'au lait mais à toutes les productions.

Obnubilée par cette politique du bas de laine, la F. N. S. E. A. a trop souvent gâché les occasions de se réhabiliter aux yeux du monde paysan pour qui les prix ne sont qu'un aspect du problème. Si la F. N. S. E. A. est aujourd'hui le syndicat agricole le plus important, ce n'est pas grâce au nombre de ses militants, mais parce qu'une bonne partie des ruraux, lassée de ses jeux politico-économiques, a envers elle la plus parfaite indifférence et la laisse agir à sa guise. S'appuyant sur le principe : qui ne dit mot consent, la F. N. S. E. A. a beau jeu de parler au nom de tous.

Quant à moi, je ne lui pardonne pas d'avoir laissé passer le train sous le fallacieux prétexte qu'il allait trop vite. Je me surprends parfois à penser ce qu'aurait pu devenir notre agriculture si la F. N. S. E. A. au lieu de s'opposer par inertie à la loi d'orientation de 1960 et à la loi complémentaire de 1962 avait bien voulu admettre que l'immobilisme ne fut et ne sera jamais constructif.

Placée devant un choix, elle refusa de comprendre que les réformes proposées étaient les seules capables de sortir l'agriculture de l'ornière. Elle refusa de jouer la carte de l'avenir, se lava les mains et, signe manifeste d'un esprit annihilé par un début de gérontisme, elle alla se réfugier dans la pénombre poussiéreuse du palais du Luxembourg.

Ravis d'avoir enfin un rôle à tenir, MM. les sénateurs, gravement, castrèrent la loi. Ainsi, grâce à son apathie et à la complicité des parlementaires, la F. N. S. E. A. parvint à réduire considérablement la portée de toutes les lois visant à l'évolution de l'agriculture.

Ce conservatisme borné n'empêcha ni les bouleversements ni la transformation du monde rural qui, depuis 1960 et malgré tout a plus évolué qu'entre 1900 et 1959 ; il n'empêcha rien, mais il retarda tout, nous n'avons pas fini d'en payer les conséquences.

Si la F. N. S. E. A. pèche par manque d'idées progressistes, on pourrait presque reprocher au C. N. J. A. d'en avoir trop. Né d'un conflit de générations, le C. N. J. A. vit le jour au sein même de la F. N. S. E. A. Des jeunes agriculteurs, lassés de la stagnation dans laquelle se complaisaient leurs aînés, décidèrent de prendre le large et lancèrent ce qui fut d'abord le Cercle national des jeunes agriculteurs.

Ils avaient un programme, eux, ce qui permit à tous ceux qui étaient incapables d'en avoir un de le traiter de révolutionnaire, au sens montagnard du terme.

La querelle entre les anciens et les modernes commença ; elle fut sévère, elle dure toujours. La F. N. S. E. A. luttait pour les prix, le C. N. J. A. pour la réforme des structures. Le C. N. J. A. trouvait que les lois d'orientation étaient trop timorées, nous venons de voir ce qu'en pensait la F. N. S. E. A.

Les jeunes voulaient que soit instauré un nouveau style qui s'appuierait sur le développement du travail de groupes, la révision des lois foncières et la réglementation des cumuls (Jean Gabin se souvient sûrement de ce point précis), l'installation des S. I. C. A., le remembrement, etc.

Les plus lucides n'oubliaient pas les prix, mais ils pensaient, avec raison, que leur défense allait de pair avec la mise en place de structures neuves.

Quant aux autres — l'aile super-progressiste — ils estimaient que le problème des prix se résoudrait de lui-même, dès l'instant où ces fameuses nouvelles structures régiraient leur profession. La jeunesse a de ces illusions !

On le voit, tout n'était pas très réaliste. Mais il faut reconnaître aux jeunes agriculteurs que l'authentique et sincère désir de renouveau qui les animait, donna une impulsion certaine à la mise en marche des réformes.

Ce fut sur le C. N. J. A. que misa le ministre de l'époque, E. Pisani. Il eut raison, la preuve n'est plus à faire qu'il fallait aller de l'avant.

Tout ce qu'on peut déplorer, c'est que l'Etat, placé devant deux tendances opposées — F. N. S. E. A./ C. N. J. A. — ait joué de la faiblesse des uns et des autres. Il profita de la lutte, attendit que la situation se décante. Aujourd'hui encore on a l'impression qu'il attend toujours. Pourquoi aborder tel ou tel problème qui, demain, par le jeu de l'exode, n'existera plus ?

Déjà l'exode a permis que les fermes restantes augmentent leur surface de 45 pour 100. C'est vrai, mais est-ce une raison pour laisser sur ces fermes planer la menace de la disparition ? Car l'augmentation de surface ne tranche pas tout, loin de là. Si le monde agricole s'inquiète de plus en plus, c'est en partie à cause de l'incertitude dans laquelle on le laisse.

Et pendant ce temps-là, nos syndicats n'ont toujours pas su accorder leurs violons. Mais je ne désespère pas de voir un jour cesser les coups de pied sournois que s'expédient périodiquement la F. N. S. E. A. et le C. N. J. A.

Car malgré ce que je viens de dire sur eux, et le peu d'attirance qu'ils m'inspirent, je souhaite qu'ils arrêtent leurs chipotages avant que le désert ne gagne les campagnes. Parce que, ce jour-là, à qui profiteront des prix bien assurés et des structures bien établies ?

Mais ces lois d'orientation qui firent couler tellement d'encre, quelles étaient-elles ?

Sans tomber dans le détail fastidieux, essayons de voir en quoi elles furent bonnes, malgré les amputations que leur firent subir les parlementaires.

La loi de 1960 et celle, complémentaire, de 1962 comportaient plusieurs chapitres :

Aménagement des charges des exploitations. Aménagement du foncier et mise en valeur des terres. Organisation de la production et des marchés. Coopératives agricoles et S. I. C. A. Remembrement. Investissement agricole et organisation de l'enseignement et de la formation professionnelle agricole. Enfin création de l'assurance maladie-chirurgie des exploitants.

Ce fut la réforme du foncier qui heurta le plus les réactionnaires ; parmi lesquels, mine de rien, figuraient entre autres les élus communistes !

La création des Sociétés d'aménagement foncier et d'établissement rural (S. A. F. E. R.) fut accueillie par beaucoup comme une atteinte au sacro-saint droit de propriété. Certains parlèrent même de vol légalisé.

Le but de ces sociétés n'est pas le vol, loin de là ; il est de freiner la spéculation foncière et de limiter le cumul en acquérant les terres mises en vente, en les recédant aux exploitants qui en ont le plus besoin et en les aidant ainsi à créer une ferme économiquement valable. Leur intervention évite ainsi que les terres ne soient systématiquement accaparées par les possesseurs de gros capitaux qui trouvent en elles un placement sûr.

Le principe est bon, quant à son application, elle dépend exclusivement de ceux qui ont la responsabilité de gérer ces sociétés. Mais, dans l'ensemble, nul ne peut regretter aujourd'hui l'existence des S. A. F. E. R.

Certains, surtout parmi les jeunes agriculteurs, déplorent même que les S. A. F. E. R. ne puissent être propriétaires des terrains acquis (elles n'en sont que dépositaires et sont obligatoirement tenues de les recéder aux agriculteurs dans les mois qui suivent la prise en compte). Les jeunes, au lieu de s'endetter pour l'achat des terres, aimeraient mieux être fermiers des S. A. F. E. R., c'est-à-dire, en fait, de l'Etat.

A première vue, c'est alléchant. Il est bien préférable, en effet, de réserver ses capitaux à la mise en valeur d'une terre plutôt qu'à son achat. L'achat est indiscutablement un luxe et, à l'heure actuelle, du point de vue rentabilité pure, mieux vaut être fermier que propriétaire, c'est certain. Mais pas fermier de l'Etat, en aucun cas et ce pour plusieurs raisons.

D'abord, parce que ce serait fatalement arbitraire. En effet, sur quels critères se fonderait l'Etat pour choisir ses fermiers ? L'âge ? La formation professionnelle ? Les diplômes ? La situation de famille ? Ou peut-être, et on finirait fatalement par en arriver là, l'affiliation à un parti, quel qu'il soit ? Il y aurait très vite un répugnant favoritisme.

De plus, l'Etat, frustré de l'énorme gain qu'il prélève sur toute opération de vente et d'achat, se rattraperait sûrement en exigeant des fermages prohibitifs. Il faut beaucoup de naïveté pour croire, un seul instant, qu'il serait un propriétaire juste, équitable et désintéressé.

Cela étant, il faut avoir l'objectivité de dire que le problème que rencontrent les jeunes qui veulent s'installer reste entier.

Les S. A. F. E. R. ne furent pas les seules innovations, les lois d'orientation instaurèrent aussi l'indemnité viagère de départ (I. V. D.)

Leur but est d'inciter les agriculteurs âgés à prendre leur retraite et à libérer ainsi leurs terres ; on leur offre, en contrepartie, une somme annuelle variant suivant l'importance des terres libérées.

L'I. V. D. n'est pas, comme certains le pensent à tort, un encouragement à l'exode. Bien au contraire. Elle s'adresse principalement à des agriculteurs de plus de soixante ans (ce n'est pas à cet âge qu'on va chercher une place en ville !), dont les terres, une fois louées ou vendues, permettront à des jeunes exploitants de vivre plus décemment. Là encore, le principe est bon.

Malheureusement l'indemnité allouée reste faible (entre 3 000 et 5 000 francs par an auxquels s'ajoute, à soixante-cinq ans, une retraite franchement dérisoire), beaucoup de vieux agriculteurs hésitent à quitter la proie pour l'ombre, même si la proie est maigre, ils y tiennent. Au facteur financier s'ajoute très souvent le facteur psychologique, ce n'est jamais de gaieté de cœur qu'on se décide à passer la main.

Presque en même temps que les S. A. F. E. R. et l'I. V. D. furent créés les Groupements agricoles d'exploitation en commun (G. A. E. C.) qui, contrairement à ce qu'on a trop tendance à croire, ne sont pas des remèdes miracles. Les G. A. E. C. ne peuvent sauver les fermes qui tombent, ce serait trop beau. La mise en commun de trois ou quatre exploitations misérables ne peut rien donner, sauf, mais ce n'est vraiment pas le but recherché, une grande exploitation encore plus misérable.

En revanche, si cette association groupe des fermes moyennes, dont les propriétaires ont des idées identiques quant à la gestion, un sens du travail en commun et une certaine possibilité d'investissement, elle permet la création d'une entreprise viable dans laquelle le travail sera réparti en fonction des capacités de chacun. Elle offrira aussi la possibilité d'acheter du matériel en commun et de l'amortir, d'entreprendre des chantiers et, pour tous les adhérents, une plus grande liberté.

Pour en finir avec ces lois d'orientation qui soulevèrent tant de passion et divisèrent profondément le monde agricole, rappelons qu'elles relancèrent aussi le remembrement et développèrent la mise en culture des zones défavorisées. Dans ces deux branches, et plus qu'ailleurs, entre en ligne de compte la valeur professionnelle des responsables.

Pour ce qui concerne le remembrement, autant il a du bon dans certains cas, autant il est inutile et coûteux dans d'autres. Disons que, bien souvent, il est superflu puisque, par l'exode rural, les terres se regroupent d'elles-mêmes.

Quant à la mise en valeur des régions pauvres, il est encore un peu tôt pour porter un jugement global.

Certaines réalisations semblent parfaites, elles furent conduites avec compétence et bon sens ; c'est-à-dire en tenant compte de tout ce qui donne à chaque région sa propre personnalité. Cette originalité qui fut créée au cours des millénaires par les vents, la pluviométrie, l'ensoleillement, la nature du sol et du sous-sol, la faune, la flore, les hommes.

Mais d'autres « mises en valeur » sont de gigantesques fiasco, des erreurs monumentales d'apprentis sorciers car confiées à des incapables pour qui une haie n'est pas un coupe-vent mais une entrave au machinisme, qui ne voient pas dans les pentes boisées un frein au ruissellement, mais des hectares récupérables, et qui s'étonnent ensuite des catastrophes qu'ils déchaînent.

Dans un cas comme dans l'autre il y a eu bouleversement de la nature et il faudra encore longtemps pour savoir comment elle réagira en finalité.

6

UN IMMENSE CHAMP DE FOIRE

Outre l'intérêt qu'il y a à suivre d'assez près l'évolution générale de son métier, ma collaboration à un journal agricole me permit, pour un temps, de faire face au problème majeur du monde paysan : l'argent.

J'ai reçu une éducation qui m'a habitué à placer ce mot parmi ceux, un peu triviaux, qu'il vaut mieux ne pas employer. Pour moi, l'argent est presque un « gros mot ». Je suis pourtant obligé de reconnaître qu'il fait partie du vocabulaire courant. Il existe.

Je suis tout prêt à ne lui accorder aucun intérêt et à revenir au système du troc, mais je crains de n'avoir aucun succès auprès des commerçants ou du Crédit agricole lors des échéances d'emprunts.

Alors, comme tout le monde, je tente d'en gagner suffisamment pour éviter les huissiers. J'espère parvenir à les tenir à l'écart, mais je ne jure de rien.

Il n'est un secret pour personne que l'agriculture des régions pauvres n'est pas une source d'enrichissement, au sens financier du terme.

Si, et que Dieu nous en préserve, un de nos enfants ne conçoit un jour la vie qu'en fonction du compte en banque, la seule recommandation qu'il recevra de nous sera de ne pas choisir l'agriculture. Recommandation d'ailleurs superflue car, sauf s'il est complètement idiot, toute son enfance lui aura démontré que le métier apporte beaucoup de satisfaction, mais pas celle de faire fortune ; si tant est que c'en soit une.

Lorsque la marquise de Sévigné expédia sa fille chérie dans les bras d'un monsieur très argenté, mais pas du même monde, elle eut ces mots charmants et combien charitables : « Ça fumera nos terres... »

Eternel problème des ruraux. Cette marquise — pour qui faner était la plus belle chose du monde ! — avait, sans le savoir, entrevu notre principale préoccupation. Fumer nos terres, c'est-à-dire investir sans cesse.

Il est normal d'investir, tous les chefs d'entreprises le font. Comme ils savent calculer, ils ont quelques raisons qui leur permettent d'envisager un amortissement, voire un bénéfice, en fonction des marchés conquis, des demandes, des débouchés, des prix. Ils ne sont pas à l'abri des mauvaises surprises mais celles-ci font partie des risques calculés.

Pour nous, rien de semblable. Lorsque nous investissons il nous est impossible de prévoir.

Nous pouvons appliquer deux méthodes. Ou stagner, c'est-à-dire ne pas investir et récolter le minimum de ce que voudront bien donner les terres, ou tenter de progresser en flattant ces mêmes terres. Elles adorent ça et deviennent vite d'une exigence éhontée. J'ai choisi la deuxième méthode, elle demande des capitaux et n'apporte souvent que des satisfactions morales...

Tout se ligue pour engloutir l'argent, tout se ligue aussi pour en rendre le moins possible. La météorologie d'abord. Je pratique un métier géré par le hasard du temps. Je peux faire le maximum pour obtenir de belles prairies et de bonnes coupes de fourrage. Je peux, tous les ans, investir telle somme dans les engrais, telle autre dans l'installation des clôtures, telle autre dans l'agrandissement de mon cheptel, telle autre enfin dans l'achat d'un matériel adapté, rien ne me garantit que je rentrerai seulement dans mes frais.

Chez nous, il suffira par exemple que le mois d'avril soit sec et froid pour que la production d'herbe chute sans rémission. Une preuve ? L'année 1967. Dès la fin de l'hiver, je soignai comme tous les ans mes prairies, apports d'engrais, façons culturales. J'avais, l'année précédente, ensemencé 3 hectares de prairie artificielle à qui je réservais toutes les faveurs que mérite un semis nouveau-né. Avril et mai furent très secs et chauds. Ma jeune prairie y résista très mal. Quant aux autres, sur lesquelles je comptais pour ma réserve d'hiver, leur production diminua de 65 pour 100... Outre les sommes investies et perdues, je dus acheter les dizaines de tonnes de foin nécessaires à mes bêtes.

Des ennuis de ce genre, exclusivement dus aux caprices des vents, font partie intégrante de ma profession. Je ne leur vois qu'un avantage : ils incitent à la modestie et à la prudence. J'ai parlé de ce qu'il pouvait advenir d'un troupeau de moutons, pour eux aussi j'avais investi. Les moutons ne sont pas les seuls vulnérables aux accidents imprévisibles, les bovins n'y échappent pas. A leur sujet, j'estime avoir eu de la chance. En quatorze ans je n'ai enterré que quatre veaux, c'est un très faible pourcentage par rapport aux naissances. J'ai aussi enterré deux vaches, dont l'une, prête à mettre bas, était d'une grosse valeur marchande ; perte stupide de l'animal qui glisse, tombe mal et se brise net les vertèbres cervicales. J'ai aussi dû me débarrasser en catastrophe, donc à perte, de bêtes accidentées. Je le dis car cela fait partie du métier, c'est le jeu du hasard, il est inéluctable, il peut être ruineux ; pensons aux éleveurs qui, cette année, ont vu leurs troupeaux ravagés par la fièvre aphteuse...

Nous n'avons même pas, en contrepartie, l'assurance de bien vendre ce que nous produisons, rien n'est prévu pour cela, rien n'est sérieusement organisé dans ce sens.

Les S. I. C. A. ou les groupements de producteurs, même s'ils fonctionnent bien, ne peuvent absolument pas s'occuper de la commercialisation de tous les produits, ils sont trop divers. Seuls les gros producteurs de blé ou de betteraves bénéficient d'une certitude de vente. C'est d'une explication élémentaire.

Lorsqu'on habite une région qui est le grenier de la France, qu'on y exploite une grande ferme aux rendements considérables, qu'il suffit d'une centaine de propriétaires pour grouper la production de 30 000 hectares d'excellentes terres, on fait le poids et on se fait entendre parce qu'on a besoin de vous. De plus, une centaine de personnes peuvent arrêter une politique commune et s'y tenir. Tant mieux pour elles.

Dans notre région, et dans beaucoup d'autres, 1 000 exploitants ne suffisent pas pour totaliser 30 000 ha de méchant terrain ; notre unité de production individuelle ne représente rien, notre nombre et aussi la disparité des productions entravent toute organisation cohérente, la disparition de la moitié d'entre nous n'empêche personne de dormir car personne ne s'en aperçoit.

Ainsi sommes-nous sans aucune défense devant un marché soudainement encombré, une frontière qu'un ministre des Finances décide d'ouvrir pour tenir son indice des prix, une autre qui se ferme sans prévenir, une chute des prix à la production prétendument logique.

Dans ces conditions, il est bien tentant d'appliquer la méthode dont je parlais plus haut et qui consiste à ne rien investir, à vivre, dans la mesure du possible, en retrait de l'évolution logique de la civilisation. Certains y parviennent, surtout parmi les exploitants âgés ; ils attendent la retraite en vivant chichement, en marge. Mais c'est un système absolument impossible pour un exploitant encore jeune s'il veut conserver quelque chance de poursuivre un métier qu'il aime.

Pour survivre, il doit produire coûte que coûte. Or, les techniques de production évoluent sans cesse vers l'accroissement optimal des rendements et c'est bien normal ; mais toutes ces techniques réclament à la base un apport financier dont, on vient de le voir, le placement n'est pas garanti. Qu'importe, c'est ça ou la disparition. L'exploitant entre dans la danse infernale de l'argent. Comme la petite et moyenne agriculture ne permettent pas de mettre quatre sous de côté, il ne reste plus que l'emprunt. Tout le monde en vient là, ce n'est pas déshonorant.

Pas déshonorant certes, mais dangereux. Il fut un temps où il était facile d'emprunter ; trop facile même dans quelques cas et des ruraux qui, de toute évidence, n'étaient pas armés pour tenir la cadence, s'y ruinèrent. On peut dire que, dans une certaine mesure et sans l'avoir voulu, le Crédit Agricole a accéléré l'exode rural. Des prêts furent consentis à des exploitants absolument incapables de rembourser. Bien que patient et compréhensif, le Crédit Agricole n'est pas une institution philanthropique ; il ne restait plus aux emprunteurs imprudents qu'à vendre leurs terres, bien heureux encore si la vente couvrait les dettes.

Aujourd'hui il est beaucoup plus difficile d'obtenir des crédits, on vous demande comment vous allez honorer vos échéances, c'est logique. Malheureusement, on ne sait pas comment on remboursera. On ne peut s'appuyer sur rien de certain. On suppute, on tente le coup et on attend anxieusement le résultat des investissements. Sinistre période, que celle des échéances... On a beau se répéter que les intérêts sont faibles et que, par le jeu de la dévaluation, on ne s'en tire pas trop mal, il n'en reste pas moins qu'il faut trouver la somme.

Tout ira à peu près bien si la production choisie réussit et si elle se vend bien ; il ne restera plus qu'à régler ce qui est dû, à ramasser quelques miettes qui permettront de vivre et à réinvestir pour l'année suivante.

Tout ira très mal si la production, même réussie, se trouve, comme c'est fréquent, à un prix de vente qui couvre juste le prix de revient, ou pire, en dessous...

Qu'on ne pense surtout pas que je noircis le tableau à dessein ; il m'est arrivé, et il m'arrivera encore, de devoir faire des acrobaties pour régler une échéance. Par acrobaties, j'entends, par exemple, la vente de génisses que j'espérais conserver, c'est comme ça et pas autrement qu'on grignote son capital. Mais que faire d'autre ? C'est la seule solution. Je pourrais citer une foule de cas où les exploitants, placés devant le gouffre, ont dû sacrifier ce qui leur aurait permis d'augmenter, un peu plus tard, leur revenu.

Il m'arrive souvent — et je ne suis pas le seul, loin de là — d'avoir l'impression de grimper à une échelle dont les barreaux cèdent. On retombe, on repart, on recommence l'ascension et ça recasse, et ainsi de suite.

Position inconfortable dont on se lasserait si, parfois, on ne parvenait à gagner un échelon.

Ce qui est épuisant dans cette lutte, c'est le sentiment d'isolement dans lequel nous nous trouvons. Car, paradoxe, si une foule d'agriculteurs sont en même temps dans une situation identique, ils n'en ressentent pas moins l'impression d'être seuls et désarmés devant les problèmes qui les assaillent.

Entre eux et le fief économique qui domine le monde, il n'y a pour ainsi dire pas d'intermédiaires et pourtant, dans ce cas, on en voudrait bien, des intermédiaires !

Inutile d'espérer quoi que ce soit des organismes professionnels, ils ont, depuis longtemps, fait la preuve qu'ils arrivaient toujours après la vraie bataille. Quand tout va très mal et que la base les pousse, ils jouent les carabiniers d'Offenbach, rassemblent quelques troupes qu'ils jettent dans les rues. On assiste alors à des ventes sauvages, à des meetings, à des manifestations. Le citadin, ébahi, apprend ainsi que depuis six, huit ou douze mois, les produits qu'il achète et qui n'ont cessé d'augmenter ont parallèlement baissé à la production.

Alors il ne comprend plus, ou comprend mal. « Voyons ! Depuis près d'un an vous vendez à perte alors que tout est à la hausse ! Vous avez mis tout ce temps pour réagir ? C'est une blague, ou alors il faut vraiment que vous ayez de sérieuses réserves financières ! »

Hélas non ! Seuls la patience, l'isolement et un certain fatalisme ont, une fois encore, joué leur rôle. Pendant tous ces mois, le paysan a assisté, impuissant, à la dégradation des cours. Il en a parlé avec ses voisins, ensemble ils ont attendu.

Et que pouvaient-ils faire d'autre ! Vers qui se tourner ? Qui rencontrer ? Les syndicalistes départementaux ? Ils rasent les murs, conscients d'être devant une situation qu'ils ont été incapables de prévoir. Alors le sous-préfet, ou le préfet ? Si les paysans ont fait assez de bruit sous leurs fenêtres, sans doute transmettront-ils en haut lieu des rapports qui seront étouffés dans la paperasse des ministères ; les fonctionnaires n'ont pas que ça à faire, et que leur importe, vu de Paris, le chahut qui se déroule là-bas dans les petites sous-préfectures sans intérêt disséminées au fin fond de la cambrousse !

Et le député ? Le brillant élu du peuple, le porte-parole tout désigné ? Lui, de toute façon, il prendra note et jurera d'intervenir. Il le fera peut-être si sa cote est en baisse ou si les élections approchent ; en dehors de ces cas d'urgence, pourquoi irait-il se mêler d'une histoire qu'il n'a pas les moyens de résoudre, et qui ne concerne qu'une minorité d'électeurs.

Alors que faire ? Descendre dans la rue ? Tout seul ? Non ! les syndicalistes sont enfin arrivés, ils ont mis le temps, mais ils sont là ; il faut bien canaliser et récupérer tout ce flot de mécontents !

Mais au début, qui prend au sérieux les revendications de ces braves gens, à l'accent savoureux qui fleure bon les vacances, à la bonne figure pleine de grand air et de soleil que la télévision filme en gros plan et dont un journaliste, souvent goguenard, relate les mésaventures auxquelles, bien souvent, il ne comprend absolument rien.

Parfois, exceptionnellement, car le rural n'aime pas le désordre, les manifestations dégénèrent en sévères batailles rangées, ça cogne, et dur. Les barrages s'érigent, le purin ruisselle, on organise des ventes sauvages, on détruit des stocks. C'est la pagaille.

Le scandale, c'est qu'il soit généralement nécessaire d'en arriver à ces extrémités pour que tout le monde prenne conscience de la situation. Pour stopper la jacquerie que tout citadin redoute instinctivement, des crédits seront débloqués, des promesses faites. Par le scandaleux jeu des primes (qui ne sont que des aumônes et une aumône est déshonorante pour celui qui la reçoit) on parviendra à retourner l'opinion publique. Le consommateur, une fois de plus, regardera les producteurs d'un œil torve et pensera vite que les paysans se plaignent et geignent par principe. De son côté, s'il est fûté, le ministre de l'Agriculture organisera un petit colloque télévisé où figureront les responsables syndicaux. On discutera gravement sur des problèmes généraux, on citera des chiffres qui en mettront plein la vue, chacun concédera à faire un petit mea-culpa et tout rentrera dans l'ordre. Tout le monde sera apparemment content, et cependant personne n'aura rien gagné. La solution du problème résolu à la hâte sera complètement fausse. On le constatera quelques mois plus tard. Alors, une fois de plus, le rural s'armera de patience et attendra, attendra jusqu'au jour où...

Si l'on pense que j'exagère, je livre à la méditation l'histoire suivante. Elle prouve, ô combien ! que la fameuse organisation des marchés et l'étude des débouchés sont des mythes, des miroirs aux alouettes, qu'aucune politique agricole cohérente n'a été établie depuis plusieurs années ; elle explique l'explosion de l'été 1974.

1972, branle-bas de combat à tous les échelons, le déficit de la viande bovine en France et dans la Communauté s'accroît de plus en plus. Il faut réagir. Une seule consigne, produire de la viande !

Tout le monde s'emploie à pousser les agriculteurs dans cette orientation. Des prêts exceptionnels sont accordés. Nos syndicalistes se frottent les mains et assurent que c'est à eux qu'on doit cette sollicitude. C'est vrai, on la leur doit par l'intermédiaire de la pénurie qu'ils n'ont pas été capables d'enrayer, par un marché de la viande tellement lamentable que plus personne ne voulait s'y aventurer, par la stagnation des cours...

Les ruraux, d'abord étonnés par toutes ces inhabituelles flatteries, hésitent un peu. Mais sans cesse on les adjure de se lancer dans la production de la viande, sans cesse les cours grimpent. Tout le monde finit par croire que la viande est un débouché payant. Et pourquoi ne pas le croire puisque, effectivement, l'Europe manque de viande. Les agriculteurs se lancent dans l'élevage et plus spécialement dans celui du taurillon (jeune bête de dix à quinze mois). En peu de temps, les taurillons surpassent les veaux de lait qui, vu les soins qu'ils demandent et leur prix de vente, ne méritent plus d'être bichonnés, mieux vaut les laisser dehors, ils se vendent aussi bien et ne demandent aucun soin.

Les cours grimpent toujours. Enfin la viande bovine est payée le prix qu'elle mérite ! De leur côté, les Italiens nous achètent à tour de bras et à bon prix. C'est merveilleux, c'est l'euphorie.

Cependant, nul ne s'inquiète de l'avenir, aucune prévision n'est faite, aucun marché n'est étudié, aucun débouché n'est préparé pour le cas où...

Mais pourquoi s'en faire ? L'Europe manque toujours de viande et l'Italie achète de plus en plus, alors ! En deux ans, 400 000 taurillons sont élevés. Pour parvenir à ce chiffre, des dizaines de milliers d'éleveurs, confiants dans l'avenir brillant qu'on leur assure de toutes parts, se sont endettés ; ils n'ont pas hésité, la vente est assurée.

Au milieu de ce délire on oublie, ou on ne veut pas savoir, que notre viande est la meilleure, donc la plus chère du Marché commun, que nous faisons partie de ce marché et que nos partenaires ne seront peut-être pas d'accord pour s'aligner sur nos prix, que les Italiens ont d'énormes problèmes de gouvernement, que nos cerbères du ministère des Finances ont horreur de se tromper dans leurs prévisions d'indice des prix et enfin, que le consommateur français n'apprécie pas, donc n'achète pas, cette viande de taurillons — pourtant succulente — qu'il trouve trop jeune et pas assez rouge. Mais tout cela, bien entendu, il ne faut pas le dire, cela risquerait de freiner la production.

Et soudain, en 1973, c'est le coup de tonnerre.

L'Italie ferme ses frontières à la France. Comme si ça ne suffisait pas, la Communauté européenne, dont la France, décide d'ouvrir les siennes à l'importation de viande. La Hongrie, l'Argentine fournissent par trains entiers. Pourquoi s'en priveraient-elles, personne n'a eu l'idée, ou le courage, d'exiger un quantum à ne pas dépasser. Tous les chevillards sont libres d'acquérir à bas prix et de stocker pour des mois et des mois. En un an plus d'un million de tonnes de viande passent entre leurs mains, quelle aubaine !

A la production, les cours chutent de 25 à 30 pour 100 pour la viande classique, la vache. Quant aux taurillons, dans un premier temps plus personne n'en veut, la demande est nulle. Les agriculteurs attendent, en vain, que ceux qui les ont lancés dans cette impasse réagissent, se remuent, exigent au moins qu'on limite les importations. Mais non, personne ne bouge et la viande inonde toujours le marché. Quelques mois s'écoulent dans le marasme total. Les 400 000 taurillons sont invendables.

Puis les marchands de bestiaux, ces vautours, qui savent bien que les ruraux sont couverts de dettes, commencent à se réintéresser à eux. Pour « rendre service » ils sont prêts à les prendre exactement à moitié prix. Certains éleveurs cèdent, on est sans défense lorsqu'on est à deux doigts de la faillite. D'autres préfèrent restreindre encore leur budget et attendre on ne sait trop quel miracle.

En ce troisième trimestre 1974 ils attendent toujours, en méditant sur l'incapacité de leurs responsables syndicaux qui sont restés de longs mois sans réagir ; ils attendent en méditant sur le mystère des finances, la complexité du Marché commun, la naïveté dont ils ont fait preuve.

Et surtout, ils sont effarés, estomaqués par les virevoltes incohérentes, les volte-face bouffonnes des responsables politiques qui naviguent en plein brouillard, les mêmes qui, hier encore, les suppliaient de produire de la viande et qui, aujourd'hui, les supplient de retarder l'abattage, car nous en sommes là ! Ubu triomphe en se tapant sur la bedaine, et il n'a pas fini de rigoler ! Car nos techniciens qui pensent s'être sortis de l'impasse où ils se sont fourvoyés en ne surveillant pas les importations, vont buter, sous peu, sur un « détail ».

Ces animaux qu'on nous a demandé de produire et qu'on nous incite maintenant à conserver, ces centaines de milliers de bestiaux, taurillons, bœufs, vaches, génisses, vont grandir, grossir, prendre du poids, donner naissance à des veaux. Et sans même tenir compte de ces derniers et par le seul jeu de la nature, à cheptel égal le tonnage de viande sera beaucoup plus important dans six ou huit mois, le problème se reposera. Mais nos techniciens n'ont, bien entendu, pas découvert cette évidence, elle est trop simple pour eux.

Enfin, les agriculteurs ne comprennent pas, la France et la Communauté ont toujours besoin de viande et celle qu'ils produisent n'est pas payée.

Je crois qu'il sera difficile de nous refaire ce coup-là ; un jour viendra où les consommateurs se souviendront avec nostalgie de la belle époque du rôti de bœuf et du bifteck. Les agriculteurs sont échaudés, écœurés et ne sont pas à la veille de se relancer dans l'élevage. Tout a une fin, même la légendaire patience des terriens.

J'en parle d'autant plus à mon aise que, moi aussi, j'ai eu l'imbécillité de croire que ceux qui nous demandaient de produire de la viande avaient prévu — ne serait-ce que dans le minimum — un plan pour faire face à une situation qu'en bons économistes qu'ils prétendent être ils devaient envisager. En fait, ils n'ont rien prévu, mais cela ne les empêche pas de continuer à afficher leur incommensurable nullité.

Un paysan ne peut pas connaître et suivre en détail toutes les péripéties économiques qui gèrent la Communauté européenne : y parviendrait-il, cela ne changerait rien car toutes les décisions passent au-dessus de sa tête, c'est d'ailleurs normal. Le paysan comprend cela et c'est pour cela qu'il désigne des responsables professionnels. Mais lorsque ces derniers, qui se targuent pourtant d'être influents et efficaces, sont incapables d'arrêter un plan cohérent, lorsque tout casse, il ne faut pas s'étonner si les fantassins de première ligne que nous sommes désertent en masse, retrouvent leur vieil individualisme et ne croient plus en rien.

J'aimerais pouvoir dire que l'exemple que je viens de

citer est exceptionnel, qu'il fait partie de ces fatals accidents de parcours. Eh bien, non.

Toujours à l'affût de la production qui leur permettra de gagner enfin un peu mieux leur vie, beaucoup d'exploitants foncent tête baissée en direction d'un débouché qui semble prometteur et solide. Ils s'élancent, se jettent à l'eau, luttent et apprennent à l'arrivée que trop de monde a eu la même idée, mais que nul ne s'en est inquiété et que le marché, jusque-là inébranlable, vient de s'effondrer...

Ainsi y eut-il la mode des poulets industriels, des pêches, des pommes, des légumes de plein champ, du maïs et, périodiquement du porc et du mouton.

A la base de tout cela, on retrouve une pénurie telle, une demande si pressante, qu'aucune organisation professionnelle ne juge utile d'étudier les détails du problème. Pourquoi s'occuper d'une commercialisation qui paraît si facile ? On verra plus tard, et on voit...

Depuis quelque temps, la mode est au soja. On nous serine que c'est une exceptionnelle production, que les débouchés sont énormes, que l'avenir appartient aux producteurs de soja. C'est bien possible mais, en la matière, je ne crois pas aux miracles. Si mes terres s'y prêtaient, ce qui n'est pas du tout le cas, j'hésiterais à les ensemencer en soja. Peut-être aurais-je tort, mais j'ai encore sur l'estomac le poids des taurillons, ça passe mal.

Tout cela n'est pas clair, dira-t-on, cette situation doit être explicable. Naturellement, et j'irai même plus loin, explicable et prévisible. Notre problème est que nous oublions trop notre appartenance au Marché commun.

Personne ne peut sérieusement en condamner l'existence. Pour nous, agriculteurs, il est indispensable. La France, avec ses 10 pour 100 de ruraux, est un des pays de la Communauté où la population agricole est la moins faible. Nous sommes donc très bien placés pour être les nourriciers. Notre production — viande mise à part — dépasse de très loin notre consommation, ce qui nous a permis en 1973 de participer pour 20 pour 100 dans l'exportation[1]. L'Europe agricole nous ouvre donc des débouchés très importants ; il n'est pas question de nous en plaindre.

Malheureusement, et depuis très longtemps, certains confondent Marché commun et panacée. Pressés par je ne sais trop quels mobiles, les yeux fixés sur la ligne rouge des tulipes hollandaises et les champs blancs des pommes de terre fleuries d'Allemagne, ils sont prêts à toutes les bassesses, à toutes les capitulations, pour le seul plaisir de s'asseoir, comme des grands, à la table européenne et, une fois là, de se mettre à discuter. Pauvres pigeons ! Depuis que le Marché commun agricole fonctionne, on s'aperçoit que c'est rigoureusement l'inverse qu'il faut faire. Discuter d'abord, s'asseoir ensuite.

Chaque pays se devant de défendre ses citoyens, il est normal que ce soit souvent la foire d'empoigne, le marchandage, le chantage, le commerce quoi ! Il faut être atteint d'infantilisme pour s'imaginer que nos partenaires vont nous faire des cadeaux ; alors, pourquoi en ferions-nous ?

Je me souviens des hurlements indignés qui jaillirent de toutes parts lorsque les négociations de 1965 furent suspendues. On cria au sabordage, à la trahison. Quelques politiciens furent à deux doigts de l'infarctus, quant à nos braves syndicalistes, rouges de colère, ils

---

1. Voir tableau 11 en annexe.

mobilisèrent leurs troupes en leur assurant qu'on détruisait froidement leur dernière chance de survie. On frôla le désastre.

Moins d'un an plus tard, la discussion reprit et aboutit. Je pense aujourd'hui que notre position d'alors ne fut pas encore assez ferme ; celle que nous devons tenir depuis souffre peut-être de tous les points qui restèrent dans l'ombre.

La crise de la viande était prévisible car il était évident que nos partenaires défendraient avant tout leurs intérêts. Leurs intérêts se trouvent, entre autres, dans notre blé puisque nous le leur fournissons à moitié prix par rapport aux tarifs mondiaux. En revanche, pourquoi nous achèteraient-ils une viande qu'ils peuvent se procurer ailleurs à moindres frais ?

Lorsque fut lancée la campagne pour la production de la viande, les éleveurs crurent que le problème des prix était résolu. Ils s'aperçurent, trop tard, qu'il n'en était rien ; aujourd'hui, ils ne pardonnent pas le mutisme hypocrite de ceux qui savaient et se sont tus.

Je viens de schématiser à l'extrême, c'est suffisant je pense pour faire comprendre à quel point est indispensable une attitude ferme. Nous sommes sur un immense champ de foire et c'est tant mieux pour nous et notre avenir ; mais plus la foire est grande, plus il faut discuter et être prudent. Très prudent.

Il n'est un secret pour personne que l'Europe agricole gêne et agace les Grands. Les U. S. A. ne se consolent pas de ne plus pouvoir nous inonder aussi facilement qu'ils le souhaiteraient de leurs fantastiques productions agricoles. Tout leur est bon pour saboter notre Communauté européenne ; leurs alliés, et vassaux, Britanniques, après avoir pleuré pour être des nôtres, refusent maintenant de respecter les règles communautaires. Leur mauvaise foi est tellement flagrante qu'elle en est presque attendrissante. Mais leur but est clair, casser l'Europe et donner ainsi aux Américains toute latitude commerciale, c'est-à-dire droit de vie ou de mort sur tous les petits et moyens exploitants, sur des millions d'agriculteurs européens.

Quant aux Soviétiques, ils ont horreur des groupes qui ne sont pas sous leur coupe directe. Ils supervisent la communauté de tous leurs satellites mais n'aiment pas que les Etats voisins aient une politique économique communautaire qui gêne leurs transactions. Aussi nous boudent-ils.

Si l'on ajoute à tout cela que chaque partenaire est à l'affût de la défaillance d'un voisin, on comprend qu'il soit indispensable d'être circonspect. La bonne foi n'est pas toujours payante, l'inattention est sanctionnée. Ainsi, lorsque M. E. Faure, alors ministre de l'Agriculture, oublia purement et simplement, au cours des négociations, d'aborder le problème de la viande (ce qui prouve bien que ce fut longtemps un secteur délaissé et donne une idée des compétences en matière agricole dudit ministre), pas un seul de nos amis, trop heureux de l'aubaine, ne souffla mot. Il fallut que le ministre revienne à Paris pour se souvenir soudain que le point capital du marché de la viande n'avait pas été abordé ! On recommença les palabres...

Aujourd'hui, la majorité des agriculteurs est très consciente du rôle indispensable que tient le Marché commun. Seulement, comme les ruraux sont plus ou moins bien informés, ils ont trop souvent l'impression que les théoriciens, les négociateurs, les économistes n'ont pas toujours les pieds sur terre, c'est le moins qu'on puisse dire. Nous avons de sérieux motifs d'être inquiets. Des plans faillirent aboutir qui nous auraient conduits droit à la catastrophe.

Il faut parler de ces plans car il s'en fallut de très peu pour qu'ils ne soient adoptés. Ainsi ne sommes-nous pas prêts d'oublier la campagne démente — il n'y a pas d'autre mot — qui fut menée contre les vaches laitières.

L'Europe baignait alors dans un flot de lait ; les frigos débordaient de beurre, parallèlement la viande manquait. M. Mansholt — que je tiens pour un dangereux individu et ce malgré sa récente autocritique — et quelques technocrates du même bois eurent alors l'idée de génie, l'idée du siècle. Puisqu'il y avait trop de lait et pas assez de viande, il suffisait d'abattre un certain nombre de vaches laitières et de les remplacer par des bêtes à viande ! Les chiffres prouvaient qu'il était indispensable de sacrifier au moins 3 millions de laitières européennes. 3 millions !

L'effarant, c'est qu'il se trouva du monde pour applaudir, pas les vrais paysans qui n'aiment ni le massacre ni la destruction. Alors, pour étouffer leurs scrupules, il fut décidé qu'une prime de 1 500 francs serait donnée par vache abattue, à la condition que l'éleveur sacrifie tout son troupeau et s'oriente vers la viande.

Sur le papier tout était prévu, étudié, les graphiques étaient parfaits, les statistiques à jour. Théoriquement tout devait fonctionner dans un bain d'huile. Le feu vert fut donné. A la même époque commença chez nous l'incitation à la production de la viande. Le plan débutait donc sous les meilleurs auspices.

Il ne fallut pas longtemps pour qu'il devienne un de ces fiasco qu'on s'empresse de faire oublier. En

France, il n'y eut même pas 200 000 bêtes abattues (c'est déjà trop). Elles le furent surtout par des éleveurs qui, à la veille de prendre la retraite, sautèrent sur l'aubaine de la subvention. On s'empressa d'abandonner un aussi stupide et scandaleux projet.

Stupide car on constata, après coup, que les 180 000 ou 200 000 vaches abattues fournissait aussi 180 000 à 200 000 veaux par an, et comme on manquait déjà de viande...

Stupide car, chez nous, rien n'avait été sérieusement prévu pour pallier à la chute du lait qui aurait résulté de l'abattage prévu ; puis on se souvint alors que, comme par hasard, M. Mansholt était hollandais et que la spécialité des Pays-Bas c'est le lait...

Stupide, car on se demanda enfin si pour limiter les stocks de beurre, il ne serait pas plus simple d'écrémer un peu moins le lait destiné à la consommation ; n'oublions pas en effet que le producteur est passible de la correctionnelle s'il écrème son lait, mais que l'Etat autorise et encourage l'écrémage à grande échelle lorsqu'il est pratiqué par des coopératives.

Et enfin scandaleux, car il faut une belle dose de cynisme pour oser parler d'excédents dans le monde actuel, et une effroyable dose d'inhumanité pour détruire ces mêmes excédents lorsque deux personnes sur trois meurent de faim, c'est un procédé que les nazis n'auraient pas désavoué.

Je sais ce que diront les gens « sérieux », les économistes ; ils arrivent à prouver, chiffres en main, qu'il est impossible de résoudre ce problème pour une foule de raisons, la politique n'étant pas la moindre. Que fournir nos excédents au tiers monde est un encouragement au sous-développement, que c'est une forme odieuse de paternalisme et que, de toute façon, certains en profiteraient pour s'enrichir honteusement.

Eh bien, je le dis tout net, je me fous de ce que disent ces penseurs repus qui poussent la grossièreté jusqu'à parler la bouche pleine. Je constate qu'il y a des dizaines d'années qu'ils opposent les mêmes arguments pour éviter de s'attaquer au problème.

Certains ont même poussé le vice jusqu'à mettre au point des méthodes pour éviter la surproduction. En France, un aréopage de professeurs de droit, présidé par le doyen Vedel, nous proposa de « geler » — c'est-à-dire de ne plus cultiver — 11 millions d'hectares de bonnes terres, Malthus en eût sauté de joie dans sa tombe !

Ces professeurs de droit avaient oublié un point capital, celui-là même qui poussa les premiers agriculteurs de la terre — nos ancêtres de la préhistoire — à brûler la savane pour favoriser la pousse de l'herbe. Notre vocation, notre but, c'est produire et produire toujours davantage. Notre souci, c'est d'accroître sans cesse les rendements, pas de les diminuer. Si nous n'avions pas, au fond de nous, cet instinct de nourricier, il y a longtemps que l'humanité aurait disparu, morte de faim.

Alors, quand on nous parle de destruction d'excédents, il est naturel et sain que nous nous rebellions.

En matière d'orientation, de prévisions, de plans, il n'est pas toujours rassurant d'appartenir à la Communauté européenne car elle multiplie par neuf le nombre des « spécialistes » chargés d'étudier et de gérer notre situation. Nous savons, par expérience, de quoi sont capables certains de nos théoriciens nationaux, il y a de quoi frémir lorsque l'on songe qu'ils allient leurs élucubrations à celles de leurs confrères européens.

Par chance, nous possédons un atout qui contrebalance les côtés utopiques et irréalistes que revêtent parfois des décisions ou les « plans miracles », nous leur opposons le bons sens.

Nous n'avons pas attendu l'Europe agricole pour savoir qu'un certain type d'exploitation n'avait aucune chance de survie. Point n'est besoin de sortir de Centrale pour prévoir que de nombreuses fermes disparaîtront dans les années qui viennent. Exploitations trop petites, aux possibilités de travail inaptes à toute mécanisation, aux rendements nuls et, par surcroît — et c'est surtout de cela qu'elles mourront — gérées par des agriculteurs âgés et sans successeurs.

Vouloir coûte que coûte défendre ces fermes relève soit du romantisme, soit de la politique.

Certains croient que l'on peut vivre de l'air du temps et que la beauté du site suffit à nourrir une famille ; ceux-là ont l'excuse des poètes, la candeur.

D'autres, au contraire, savent très bien que cette existence est misérable, mais que la misère, démagogiquement exploitée, est une valeur sûre en période électorale.

Laissons à leurs bouquets champêtres ou à leur quête des bulletins de vote ces combattants d'arrière-garde, ils vivront ce que vivent les roses et les législatures.

L'exploitation qui nous intéresse est celle qui permet à une famille de vivre et de s'épanouir dans des conditions normales de travail et d'existence et qui, demain, sera toujours apte à remplir son rôle. Pas question donc de défendre l'indéfendable, mais pas question non plus de tendre à tout prix à une exploitation de type industriel. Il en existe, il s'en créera de nouvelles mais de là à dire qu'elles sont le seul modèle est un pas que je me refuse à franchir.

Un plan européen fut pourtant élaboré qui visait cet unique but, le plan Mansholt. Son idée directrice était d'instaurer un type moderne d'exploitation. Cela exigeait des fermes céréalières de 80 à 120 hectares, des fermes d'élevage d'au moins 40 à 60 vaches laitières ou 150 à 200 bêtes à viande ; ou encore 450 à 600 porcs ou, au choix, capables de produire 100 000 poulets par an ou d'entretenir 10 000 poules pondeuses. C'est dans ce plan, qui par ailleurs recelait des chapitres positifs, que figurait l'abattage des vaches laitières.

Il débuta en 1970. Dès 1973 on commença enfin à s'apercevoir qu'il était urgent de freiner l'exode rural, qu'il fallait donner aux jeunes les moyens de rester à la terre, que le paysan est le gardien naturel de l'environnement. Quant aux fameux excédents, parlons-en ! J'ai sous les yeux une déclaration d'un de nos ministres de l'Agriculture, elle est de février 1974 : « Il faudra quadrupler d'ici à trente ans la production agricole. » Là, nous sommes bien d'accord.

Il n'empêche qu'en moins de quatre ans, l'orientation que certains voulaient donner à l'agriculture européenne a complètement changé de cap. Du malthusianisme industrialo-socialisant que prônaient MM. Mansholt et Vedel il reste surtout un sentiment de malaise, presque un vertige, celui que procure le franchissement d'un abrupt dangereux.

On reproche souvent aux agriculteurs d'être lents, prudents, circonspects, difficiles à enthousiasmer. Mais où en serions-nous aujourd'hui si nous avions applaudi sans réserve, si nous avions couru ?

Je sais, moi, où je serais. Chômeur, perdu dans la masse des 5 millions d'agriculteurs européens que

M. Mansholt avait prévu de déraciner entre 1970 et 1980[1]...

Je suis toujours là et je n'ai aucune envie de partir. Pourtant, je le sais, je ne remplirai jamais les conditions fixées par les censeurs. Quoi que je fasse, Marcillac ne pourra jamais entretenir 150 ou 200 limousines. Tant pis, je n'ai pas besoin d'un tel cheptel. Tout ce que je demande à ma terre c'est de nourrir ma famille, de me permettre d'élever nos enfants, de leur donner ce à quoi ils ont droit. C'est enfin de me laisser exercer le métier que j'ai choisi et que j'aime. Et je dénie à quiconque le droit de dire que je suis insuffisamment productif et que ma présence ici grève le budget de la nation.

Il y eut, et il y a toujours, des délateurs qui, chiffres en main, essaient de prouver que les petits et moyens agriculteurs sont une lourde charge pour le pays. Il paraît que le soutien des marchés est une ruine. D'accord, supprimons-le, l'Europe agricole explosera aussitôt et l'on verra bien ce qui est le plus économique.

Mais avant d'aller si loin, et puisque certains poussent l'indécence jusqu'à nous jauger en fonction d'un barème financier — on commence par là et on finit par légaliser toutes les spoliations au nom de la collectivité —, je demande simplement que soit établi le coût d'un Parisien. Etant bien entendu que le R. E. R., les boulevards périphériques, tous les transports parisiens (qui sont déficitaires), tous les parkings souterrains, tous les échangeurs et autres bretelles de raccordement ne profitent qu'à 1,5 Français sur 5 ; car on voudra bien

1. Voir tableau 13 en annexe.

admettre que ces réalisations — indispensables je n'en disconviens pas — ne sont pas d'un intérêt évident pour les provinciaux en général et les ruraux en particulier.

Je demande aussi ce que coûterait l'intégration en ville des centaines de milliers d'agriculteurs qui, paraît-il, reviennent cher. Combien d'immeubles en plus ? Combien d'écoles ? Combien de chômeurs ?

Mais toutes ces estimations seraient parfaitement stupides. Et puis, que prouveraient-elles en fin de compte ? Que le fonctionnaire moyen est, sans aucun doute, moins productif que le plus misérable et cossard des paysans ? Et alors ? Va-t-on pour autant instaurer l'ère des purges ?

Tout cela n'est pas raisonnable ; tenons donc pour négligeables les allégations des doctrinaires qui prônent l'économie parfaite, chacun sait qu'elle n'existera jamais.

Si je n'avais envisagé l'existence que du point de vue financier, il y a longtemps que j'aurais abandonné la terre. Je n'y ai jamais pensé car ce qu'elle m'apporte n'a pas de prix. Si de nombreux ruraux s'accrochent à leurs fermes malgré tout ce qu'on peut leur dire et leur prouver en matière d'économie, de rentabilité, d'avenir, de mode de vie, c'est parce qu'ils trouvent dans leur existence des motifs de satisfaction et de joie trop subjectifs pour être estimés par des tiers.

L'exploitation familiale est le dernier bastion de la liberté. C'est aussi le dernier carré d'une certaine forme de vie familiale. C'est, enfin, la cellule qui, pour le moment, échappe à la planification monstrueuse qui régit et nivelle la vie citadine.

J'ose écrire que, sur ses terres, l'exploitant est le seul maître après Dieu. C'est tellement incongru, tellement en contradiction avec l'époque actuelle et le citoyen-mouton, que tout contribue à lui faire payer cette suprématie.

La civilisation moderne — qu'elle soit capitaliste, socialiste, ou maoïste — a horreur des indépendants qui échappent à l'étiquetage. Elle a besoin, pour subsister, de s'appuyer sur des catégories bien définies, des consommateurs d'espèce déterminée, dont elle n'ignore rien. L'exploitation familiale lui échappe encore, car personne, à ce jour, n'a pu en établir un modèle type.

7

L'EQUILIBRE NATUREL

Il n'existe pas une exploitation familiale, mais des centaines de milliers. Vu de loin, on est tenté de croire qu'elles se ressemblent toutes, qu'elles sont régies par les mêmes impératifs, qu'elles vivent *grosso modo* d'une façon identique.

C'est une erreur. Autant s'imaginer que les étoiles, qui paraissent briller du même feu, sont de même volume, de mêmes composants et à la même distance de la terre. Aucune ferme n'est semblable, car aucune n'est gérée par le même homme ; de plus, aucune n'a exactement la même surface, la même valeur, la même orientation, le même nombre de bouches à nourrir et si beaucoup de problèmes sont similaires, beaucoup aussi n'ont rien de commun.

D'ailleurs, sur quoi se fonder pour établir l'exploitation familiale type dont tout le monde parle ? La surface ? Impossible, il existe des petites fermes bien spécialisées qui vivent décemment, d'autres, beaucoup plus grandes mais situées par exemple en montagne ou dans les Causses qui ne peuvent survivre. Il en existe de toutes tailles qui demeureront et de toutes tailles qui disparaîtront. Alors le rapport annuel ? On a vu, plus haut, à quel point il était difficile de l'établir et puis, que prouverait-il ? Rien. Certains peuvent vivre heureux avec peu d'argent, d'autres vivront mal avec davantage.

Il ne me paraît pas possible de parler, en général, des exploitations familiales, elles sont toutes particulières.

Certains ont pourtant frôlé la bonne définition ; à une proposition près, je la ferai mienne : « L'exploitation familiale, c'est l'exploitation de la famille ! » Ce fut vrai, ça l'est encore dans bien des cas. Mais cette formule choc n'aura plus cours longtemps ; les jeunes préfèrent se faire exploiter ailleurs que chez eux, ils y gagnent au moins un salaire. J'espère, quant à moi, ne pas exploiter ma famille, mais exploiter *pour* elle. C'est ce que je tente de faire depuis quatorze ans.

Je voulais créer une exploitation familiale à mon goût. De 19 ha 50 ares je passai à 35, on a vu comment. Lorsque ces 35 ha furent en état, je constatai que c'était faible car, je me répète, mais tant pis, nos terres sont très pauvres.

Au départ, mon but était de constituer un troupeau de 20 bêtes. Quand j'atteignis ce chiffre, il m'apparut qu'il était insuffisant. C'est notre lot à nous, petits et moyens exploitants, de courir après un but qui court plus vite que nous. Nous le savons et nous galopons quand même, car s'arrêter c'est disparaître. Il n'empêche que, parfois, c'est épuisant.

Lorsque le journal auquel je collaborais ferma ses portes, le vice de l'écriture me tenait, c'est encore une façon de courir ! Entraîné à organiser mon temps en fonction des articles à fournir, je conservai cette habitude et lançai ma plume vers le roman. Mais le roman, c'est bien connu, s'il est une source de joie pour son auteur n'est pas, sauf exception, une source de revenus. Ce ne furent donc pas mes droits d'auteur qui me permirent de tenir, mais l'entêtement et le pressentiment que la chance allait, une fois encore, me donner un coup de main.

Si mon destin était d'être écrivain, la chance se serait débrouillée pour m'obtenir de gros tirages ; mon destin est d'être agriculteur, elle me procura donc les terres dont je rêvais. 20 ha, enclavés, collés à Marcillac et ce pour la bonne raison que, jadis, vers 1830, ces terres faisaient partie d'une seule et même propriété.

Une fois encore j'étais le seul intéressé par ces terres qui jouxtaient les miennes. La S. A. F. E. R. me laissa toute liberté pour acquérir ces 20 ha. Ils furent mis en vente à un prix raisonnable ; il faut bien que l'isolement dans lequel la fin d'une agriculture m'a placé n'ait pas que des inconvénients. J'étais le seul à avoir envie, et besoin, de ces hectares de friche. De friche oui, car le propriétaire n'exploitait pas et se contentait de promener une quarantaine de brebis sur des prairies au dernier stade de l'épuisement. Il fallait un grain de folie pour désirer ces étendues de landes.

Je n'avais pas le premier sou venu, c'est banal. Une fois encore le Crédit Agricole vint à mon aide ; j'ai encore dix-huit échéances pour lui témoigner ma reconnaissance... Mais le Crédit Agricole ne put prêter la totalité du prix d'achat ; je trouvai d'autres prêteurs plus pressés et plus exigeants.

Qu'importe, je dus en passer par là, car Marcillac tout entier en dépendait. J'étais pris à la gorge et voici pourquoi : Ou j'achetais toute la propriété, très vite et sans rechigner, ou le vendeur, petit à petit, lotissait toutes les terres de bord de route.

Je ne suis pas venu à Marcillac pour subir, un jour, les feux de signalisation et les passages cloutés, ni pour promener mes vaches au milieu des H. L. M. Car, comme une foule de fermes situées près d'une agglomération, nous sommes menacés par ce cancer, ce chancre, cette vérole qui s'appelle la Ville. La ville qui grangrène toute sa périphérie, qui la pourrit, dévore les meilleures terres, fait de nous des paysans de banlieue dont les fermes étouffent au milieu de bicoques dont il semblerait que des primes soient garanties aux plus laides.

Je ne m'explique pas autrement la prolifération de ces bâtiments qui violent le paysage. La ville nous menaçait ; elle était là, prête à couvrir les terres voisines de pavillons, de garages, de cages à lapins, de dépotoirs, que sais-je encore. J'achetai sans hésiter, pour agrandir Marcillac et lui donner enfin une taille valable, mais aussi pour éviter le pire. Le pire étant pour moi l'urbanisation insensée et scandaleuse des terres à vocation agricole. 35 000 ha sont ainsi dévorés tous les ans.

Cette manie, ce vice, entretenus et encouragés il y a quelques années par un ministre de la Construction qui souhaitait que tous les bords de route se couvrent de maisons, est une honte dont les répercussions sont redoutables pour l'agriculture. Par la faute d'une politique aberrante en matière de construction, le prix des terres agricoles a, par endroits, augmenté de vingt fois et a rendu ainsi absolument impossibles les agrandissements dont beaucoup avaient besoin pour rester à la terre. Mais ce n'est pas tout. Dans bien des cas, cette hausse démentielle a interdit à de nombreux jeunes de reprendre la ferme familiale. Comment auraient-ils trouvé les centaines de milliers de francs que représentaient leurs terres évaluées, non plus selon leur rendement et leur valeur agricole, mais en fonction de leur situation, de leur facilité d'accès, du nombre de bicoques qu'elles étaient susceptibles d'accueillir !

Enfin, chez beaucoup de ceux qui ont pu néanmoins continuer à exercer leur métier, qui ont refusé les alléchantes propositions de tous les massacreurs de terres et de paysage, s'est développé un sentiment redoutable, celui de perdre leur temps. Comment en serait-il autrement lorsque les hectares qu'ils s'entêtent à cultiver rapportent quinze ou vingt fois moins par an que le revenu bien placé de leur prix de vente !

Et moi-même, ne suis-je pas le dernier des ânes en restant là, à m'occuper de mes bêtes, alors qu'il me serait possible de lotir plusieurs hectares et de vivre ensuite de mes rentes ? Mais non, j'ai trop de respect pour la terre, je ne commettrai ce sacrilège que contraint et forcé, et que les affairistes ricanent de mes scrupules et de mes goûts. Qu'ils disent même que mes héritiers n'hésiteront pas, eux ! Que m'importe. Mon métier, ma vie, ma joie, c'est d'exercer le métier que j'ai choisi, c'est de vivre dans un paysage que j'aime, c'est de jouir de la vraie nature. Alors, au large les promoteurs ! Nous ne sommes pas du tout de la même race, nous ne voyons pas les champs avec les mêmes yeux. Vous comptez les lots et les futures maisons, je compte les vaches ; nous ne sommes pas faits pour nous entendre.

Il est à peu près certain que je mène là un combat d'arrière-garde. Tout évolue si vite. Au début du siècle, mes grands-parents mettaient une heure pour monter à Marcillac avec leur boggie. La propriété était vraiment en pleine campagne. En 1930, mes parents mettaient aussi une heure pour venir à vélo ; c'était toujours la campagne. Il y a vingt-cinq ans, la route n'était pas encore goudronnée et la seule voiture qui l'empruntait était celle de mes parents. Il ne venait à personne l'idée qu'un autre véhicule pût s'engager dans ce chemin. Je me souviens avoir un jour, avec l'aide d'un de mes beaux-frères, monté une embuscade en bonne et due forme ; nous entassâmes force branches et fagots au beau milieu du chemin tellement nous étions certains que seule notre vieille Citroën devrait s'arrêter. Nous vivions alors à la campagne.

Puis la route fut goudronnée et Brive se trouva à dix minutes de chez nous. Je ne m'en plains pas, c'est pratique à bien des points de vue. Tellement pratique que, peu à peu, les voitures se firent plus nombreuses, c'est tout à fait normal, la route est à tout le monde. Puis vinrent les premières maisons « étrangères », celles bâties par des propriétaires n'ayant aucune attache familiale dans le pays ; elles firent vite tache d'huile.

Depuis, j'ai dû mettre des panneaux : Attention enfants ! Pour que certains toquards du volant ne se croient pas aux 24 Heures du Mans lorsqu'ils passent devant chez nous. Les maisons gagnent toujours. Déjà les éboueurs passent. A quand les lampadaires ?

Je ne voudrais pourtant pas que les lecteurs se méprennent et voient dans mes propos une condamnation pure et simple des résidences secondaires. Non seulement je ne les condamne pas, mais je comprends très bien que les citadins, assommés par la vie en ville, aient besoin de prendre l'air. Ils ont raison et parfaitement le droit de désirer une maison de campagne. Mais, que diable ! qu'ils aient le bon sens de bâtir là où la logique de nos ancêtres avait fait naître les premiers hameaux !

Quoi de plus sympathique qu'un vieux village qui renaît, qui s'agrandit, dont les maisons neuves s'érigent bien souvent sur les fondations effacées d'anciennes demeures, un village qui, grâce aux nouveaux venus, retrouve la population qui était la sienne voici cent cinquante ou deux cents ans. Un vrai village quoi, avec sa vie propre, son ambiance, son environnement de champs et de bois.

A l'opposé, quoi de plus révoltant que ces stupides alignements de maisons, ces banlieues répugnantes qui n'en finissent plus, qui s'étirent le long des routes en une succession de résidences laides à faire peur, ces zones où, à l'inverse des villages, nul ne se connaît vraiment, où se recrée exactement le même isolement que dans ces immondes et inhumaines cités-dortoirs, sinistres témoins d'une époque concentrationnaire.

De grâce, qu'on laisse à la campagne son visage de campagne, avec ses troupeaux, ses prés et ses champs ! Le paysage appartient à tout le monde et il est scandaleux que certains aient le droit de le défigurer en le parsemant de ces pustules de parpaings, de béton, de tôles, que les promoteurs et les architectes osent appeler des maisons. Et puisqu'ils semblent incapables de concevoir des bâtisses dignes de ce nom, qu'ils les cachent au moins dans les villages, qu'ils les dissimulent derrière toutes les vieilles vraies maisons, les vieux manoirs, les granges, les étables ; qu'ils les noient dans toutes les bourgades qui meurent, ils auront au moins la satisfaction de participer à leur renaissance.

C'est de ces excroissances malignes qui s'appellent des lotissements que Marcillac était menacé. En achetant la propriété mitoyenne, j'ai retardé la progression du mal. Désormais, ma famille et moi sommes au milieu de 55 ha de nature. Mais je sais, et j'en ai pris mon parti, qu'un jour viendra où nous serons une île au milieu des maisons. Car la ville est proche, goulue.

Elle fait le trottoir à dix minutes de chez nous, elle aguiche sans cesse pour mieux posséder les terres où elle désire s'étendre.

Une seule défense naturelle nous épargnera peut-être les derniers outrages. Un site protégé nous sépare de la ville : une magnifique et profonde vallée préhistorique. Il serait amusant que nos ancêtres du paléolithique viennent à notre secours à coups de silex taillés, que leurs grottes tiennent à distance les immeubles, que ces chasseurs d'aurochs préservent nos pâturages, que leurs foyers, éteints depuis des millénaires, protègent celui des paysans que nous sommes et que nous voulons rester.

Mais feront-ils le poids devant la spéculation foncière ? Ce serait étonnant, il faudrait que leurs dieux soient plus puissants que l'argent, c'est trop leur demander.

Trêve de pessimisme, il coulera encore de beaux printemps avant que la ville n'engloutisse Marcillac.

Dès que je fus en possession de mes nouvelles terres, je dus, une fois de plus, reprendre le travail à zéro. Elles étaient presque stérilisées par quarante ans de pâture répétée — il n'y a rien de pire qu'un troupeau de moutons ou de chèvres mal conduit pour créer le désert — et demandaient beaucoup de soins et d'engrais, beaucoup d'indulgence aussi, et du travail. Elles en demandent encore ; il me faudra des années pour les remettre en état et corriger leur excès d'acidité amplifié par le fumier de mouton qui fut leur seule fumure pendant presque un demi-siècle.

Je dus, aussi, faire ou refaire toutes les clôtures. A ce jour, j'approche de la vingtaine de kilomètres de barbelés posés depuis que j'ai repris Marcillac, et je n'ai pas encore tout fermé. Mises à part quelques tonnes de fourrage, mes nouvelles terres ne rapportèrent rien pendant quinze mois. En revanche, je pus me rattraper avec le potager que je pus créer.

Une terre magnifique et profonde, qui commence à 2 m de notre maison (la propriété voisine venait jusque-là !), un sol enrichi par des générations et des générations de paysans qui, consciencieusemnt y vidèrent les cendres du foyer, le fumier des poulaillers et des clapiers, et d'autres fertilisants naturels trop connus pour être cités. Enfin, abritée du nord et des gels printaniers par nos bâtiments de ferme, c'est une parcelle idéale pour la culture potagère.

Pendant des années nous avons acheté nos légumes, j'ai expliqué pourquoi ; mais plus les enfants et la famille grandissaient et moins c'était rentable. Et puis, il faut bien le dire, les légumes que ma femme achetait en ville étaient insipides, et ils le sont de plus en plus.

Les poireaux, carottes, pommes de terre, etc., superbes, mais je ne leur en demande pas tant, sentent tous la pomme golden qui elle-même, a un arrière-goût de bananes vertes et de poulets industriels, lesquels se rapprochent du poisson surgelé qui est lui-même aussi délectable qu'un paquet de coton hydrophile. Par chance, les sauces sont là pour indiquer à quoi on a affaire. On comprendra donc que, dès que je le pus, je m'empressai de cultiver tous les légumes qui nous sont nécessaires pour l'année.

N'en déplaise aux industriels de l'alimentation, les conserves familiales, bien préparées, sont, et de très loin, les meilleures. Ainsi, en produisant nos légumes, gagnons-nous sur tous les tableaux, financier et gustatif.

Désormais, nous avons conscience de nous offrir le

luxe de déguster des petits pois extra-fins, frais cueillis, choisis ; des haricots verts qui sentent le haricot vert ; des tomates qui sont d'authentiques fruits ; des légumes qui n'empestent pas l'insecticide.

Que m'excusent les confrères spécialisés dans la culture industrielle des légumes (et des fruits), mais ils sont en train de massacrer la bonne cuisine française. Ce n'est pas entièrement leur faute, il n'existe pas de culture intensive sans traitements antiparasitaires et anticryptogamiques répétés. Ceux qui se sont spécialisés dans la production des légumes ou des fruits ne peuvent courir le risque de voir leurs récoltes atteintes par une attaque de parasites ou une maladie, les clients bouderaient. C'est donc aussi la faute des consommateurs qui ont pris la sale habitude de vouloir des produits esthétiquement parfaits.

Les producteurs pourraient traiter beaucoup moins et employer raisonnablement les engrais chimiques, mais pour cela, encore faudrait-il que les ménagères ne poussent pas des cris d'orfraie si le chou qu'elles achètent a subi une petite attaque de punaise, d'altise ou de mildiou ; si les carottes ont quelques traces laissées par la mouche ou les pucerons ; si les haricots verts ont quelques plaques rousses d'anthracnose ; les pommes, la cicatrice de l'hoplocampe ou la marque de la tavelure ; si, enfin, elles n'exigeaient pas des légumes et des fruits calibrés au millimètre, poires et pêches « faites au moule », légumes divers de diamètre et de taille rigoureusement identiques.

Il faut savoir ce que l'on veut. Ou le coup d'œil, donc les traitements, les engrais et l'irrigation à outrance qui donnent des produits aseptisés et beaux, ou le coup de fourchette avec, parfois, un brin de déchet, un asticot dans un fruit, un produit moins parfait, mais qui a toute sa saveur.

Il y a souvent des campagnes de presse contre les insecticides, pesticides et autres fongicides, elles sont en général exagérées et en partie fausses ; toutes, en conclusion, accusent les producteurs d'être des pollueurs ou des empoisonneurs. Mais qui achète ? Qui réclame ? Qui exige des denrées extérieurement superbes ? Les producteurs fournissent ce qu'on leur demande, on leur demande toujours plus et aux prix les plus bas possible, à la limite de la rentabilité. Calculant au plus juste, ils sont placés devant l'obligation de fournir le maximum, le plus beau, le plus rapidement possible. Pour cela, ils sont forcés d'employer les moyens qui leur permettront d'offrir ce qu'on leur demande.

Ces moyens seront, entre autres, le choix de variétés à gros rendements (mais pas forcément succulentes), la culture intensive avec tout ce que cela appelle d'engrais chimiques, la surveillance incessante et les traitements périodiques ; enfin, pour accélérer l'assimilation des fertilisants, l'irrigation.

Grâce aux variétés sélectionnées dans ce but, la maturité, au lieu de s'étaler parfois sur plusieurs semaines, comme c'est naturel, est simultanée. Au jour choisi, le champ est récolté puis retravaillé pour une nouvelle culture.

Ainsi, mesdames, sont obtenus les légumes que vous désirez. Bien sûr, ils n'ont ni le goût ni la finesse des légumes « d'avant » ! Mais, avant, vous preniez le temps de faire votre marché, de regarder les étalages des marchands de quatre-saisons, de comparer. Aujourd'hui, vous voulez des légumes sous plastique et dans des distributeurs automatiques. On vous les procure.

Bien entendu, vu le prix que vous voulez y mettre, on ne peut vous fournir de l'extra sarclé et désherbé à la main, bichonné au terreau, mûri lentement au soleil et cueilli à la main. Non. Vos petits pois et haricots sont ramassés à la moissonneuse, vos épinards et céleris fauchés au tracteur, les poireaux, carottes, arrachés à la machine, lavés, grattés, conditionnés. Et avec tout ça vous exigeriez qu'ils soient délectables ? Impossible. Estimez-vous heureuses qu'ils soient comestibles, c'est déjà beaucoup.

Car si la terre a besoin d'être travaillée sans cesse — faute de quoi elle se repose —, elle n'aime pas être violée ; la culture intensive est une espèce de viol que le producteur est obligé de commettre car la concurrence est grande et la société actuelle d'une exigence d'enfant gâté.

Il y a un quart de siècle, le bas pays de Brive avait, outre le veau blanc, deux spécialités très connues, les petits pois et les prunes, surtout les reines-claudes. A l'époque, le petit Parisien que j'étais passait tous les matins d'école devant le marché Saint-Dominique, à deux cents pas du Gros-Caillou.

Je me souviens de mon attendrissement lorsque, arrivant devant le chariot d'un marchand, je lisais, émerveillé et fier : Petits Pois de Brive-la-Gaillarde. Ils avaient belle allure en pyramides vertes, encore humides de rosée, où çà et là quelques brins d'herbes, quelques fleurs à peine fanées rappelaient une campagne que je connaissais bien. Ces petits pois, je les sentais un peu à moi, nous étions du même pays.

D'emblée, je débordais de sympathie pour le vendeur et les ménagères. J'avais envie de faire l'article, de dire : « Allez-y, ils sont bons, je le sais, ils viennent de chez nous et chez nous on sait soigner les petits pois ! »

Je me taisais naturellement ; d'ailleurs je n'avais pas besoin de vanter les petits pois de Brive, ils étaient connus et les ménagères les achetaient en confiance.

Juste avant les grandes vacances, c'étaient les premières prunes, belles, encore toutes fardées. Prunes du pays de Brive ! C'était riche, ça situait, ça personnalisait, on voyait tout de suite à qui on avait affaire, pas à n'importe quelles prunes mais à un fruit de classe, soigneusement cueilli au moment propice pour que la quintessence de son parfum s'épanouisse là, rue Saint-Dominique.

C'est fini. Brive a perdu le marché du petit pois et va perdre celui des prunes. Et c'est en partie votre faute à vous, consommateurs. Entre l'intensif, meilleur marché parce que produit à grande échelle et, c'est le mot, l'artisanal plus cher car plus long à obtenir et plus difficile à récolter, vous avez choisi le premier ; il est tellement plus beau ! Maintenant vous lui trouvez un drôle de goût, un parfum d'officine, une chair bizarre. Tant pis, il est trop tard pour faire machine arrière.

Les petites fermes spécialisées dans les primeurs ont presque toutes disparu car, chez nous, on était habitué à cultiver les légumes à la main, obligé aussi à cause de nos terrains en pente, les mieux exposés donc les plus précoces, mais aussi les plus difficiles à exploiter. Comment une culture naturelle et un ramassage manuel pourraient-ils proposer les mêmes prix qu'une culture intensive et mécanisée ? Impossible, le salaire d'une journée d'un ramasseur n'est pas toujours payé par le prix de vente de ce qu'il récolte !

Alors, adieu les petits pois de Brive et les reines-claudes, voici venue l'époque des produits anonymes, calibrés, mûris en frigo, emballés, conservés dans le chlore, stérilisés, reverdis, dévitaminés, lavés, épluchés, découpés, précuits, cuisinés. Insistez encore un peu et on vous les fournira prédigérés. Pour le moment, on vous assure qu'ils sont extra, alors pas de mauvais esprit, la publicité finira par vous en convaincre.

Quant à moi, dont les papilles gustatives ne sont pas trop conditionnées, qui aime que les légumes aient bon goût et gardent toutes leurs vitamines et qui peux les cultiver, je sais ce qu'il me reste à faire.

Je cultive donc tous nos légumes, ils sont abondants et remarquablement fins. Pourtant je les traite et leur apporte les éléments fertilisants dont ils ont besoin. Ce n'est absolument pas en contradiction avec ce que je viens de dire.

Avant de voir pourquoi, il est, je pense, nécessaire d'essayer de détruire quelques idées fausses qui, de temps en temps, font les délices du public. Elles apparaissent en période calme, quand le ciel est vide de soucoupes volantes, que les guerres sont convenablement meurtrières mais sans plus, les marées pas plus noires que d'habitude, les carburants assurés, bref, quand le peuple manque de jeu et s'ennuie. Alors la nature devient la déesse d'un temps. On ne jure que par elle, tout ce qui est d'elle devient, par principe, beau, sain, attendrissant, euphorisant ; aucune publicité n'est valable si elle ne s'appuie pas sur elle : vivez nature, mangez nature, buvez nature, dormez nature. Et malheur à celui qui la tient pour ce qu'elle est vraiment, superbe oui, attirante et envoûtante certes, mais aussi, somptueuse garce, rebelle et vicieuse et qui ne pardonne pas. Mais cela il ne faut surtout pas le dire, c'est une insulte au dieu Pan.

Au milieu de cette crise d'abêtissement collectif, un plaisantin lance alors le cri d'alarme : les engrais chimiques tuent la nature, ils favorisent les cancers, la chute des cheveux, l'embonpoint, la frigidité, la myopie, que sais-je encore ! L'offensive est ouverte, la chimie est sur la sellette. On mélange férocement les engrais, les traitements et les désherbants ; les produits élaborés par l'intermédiaire de la chimie sont voués à la géhenne et les produits, dits naturels, portés au pinacle, ce qui permet à quelques malins d'écouler au prix fort tout leur stock de fruits et légumes plus ou moins avariés.

M. et Mme Tout-le-monde s'insurgent, tempêtent, réclament des sanctions, sans pour autant cesser de mettre des pastilles fertilisantes dans leurs plantes d'appartement, des blocs insecticides et du désodorisant « naturel » dans toutes les pièces, du chlorate de soude sur les allées du jardin, de la « poudre » sur les rosiers et dans la niche du chien et, au moindre bobo ou petit rhume, d'ingurgiter des kilos de médicaments, sans oublier bien sûr la pilule de madame !

Il faudrait s'entendre ! Ou interdire la chimie pour tout ce que nous ingérons et respirons, ou reconnaître une bonne fois que seuls les excès sont condamnables.

Les légumes et fruits dont je parlais plus haut sont fades car obtenus par le forçage, mais ils ne sont pas pour autant dangereux. Il ne faut pas mélanger le goût et la nocivité. Tous les ans, un certain nombre de personnes s'empoisonnent en se régalant (eh oui, ils se régalent !) d'un plat de champignons vénéneux, l'amanite tue-mouche ou fausse oronge n'est ni plus ni moins naturelle que sa consœur l'amanite des Césars. Récemment, deux hommes se retrouvèrent à l'hôpital pour avoir confondu la petite ciguë et le persil ; ainsi mourut « naturellement » Socrate.

Tout ce qui est naturel n'est pas obligatoirement consommable, tout ce qui est obtenu avec l'aide de la chimie n'est pas automatiquement condamnable. J'ai presque honte d'écrire un pareil truisme, mais on entend et on lit tellement d'idioties sur le mythe de la nature qu'il faut parfois rabâcher les évidences.

Dédaignant cela, certains, au nom de la défense du genre humain, voudraient voir interdire à peu près tout ce qui permet à l'agriculture moderne d'accroître sa productivité ; ils proposent d'en revenir à l'agriculture de jadis. Il est un détail dont ils ne parlent pas, ces beaux prêcheurs, c'est qu'une telle pratique ferait chuter les productions à un tel point qu'il faudrait, pour pallier aux pénuries et à une famine mondiale, mettre en valeur et cultiver 150 millions d'hectares supplémentaires. C'est une belle surface.

D'autres, enfin, proposent l'agriculture biologique, le retour aux fertilisants ou désinfectants naturels. A la rigueur seraient-ils sur la bonne voie si la population mondiale descendait à un chiffre infiniment plus bas qu'actuellement, car ils sont loin du compte en ce qui concerne les rendements ! L'agriculture biologique est saine, mais elle n'est pas du tout armée pour nourrir les milliards d'affamés que le monde de l'an 2000 nous réserve.

En face de ce problème, déjà d'actualité, il n'est humainement pas possible d'envisager un retour aux anciennes méthodes. Il faut, bien au contraire, poursuivre les recherches qui permettront l'augmentation des rendements.

Bien sûr, pour l'instant, on se préoccupe du tonnage et non du goût ; il est vrai que l'un s'obtient souvent au détriment de l'autre, d'où la nostalgie des petits plats et les protestations légitimes de certains consommateurs.

De ce regret des bons produits, que je partage, le saut est vite fait à la condamnation systématique, que je n'approuve pas. Mais, direz-vous, les engrais chimiques, les traitements, les désherbants ?

Voyons les engrais qu'on accuse du pire et qui, pourtant, devraient être les moins sujets à critiques. J'ai bien écrit : devraient...

Mais d'abord, que sont-ils ? Rien d'autre que la super-concentration des éléments qui se trouvent à l'état naturel dans le sol et dont toutes les plantes ont absolument besoin. Cette concentration peut être obtenue en partant d'une base naturelle (gisements de phosphate ou de potasse), ou chimique (ammoniaque, acide sulfurique, carbure de calcium, etc.).

Tout le monde admet qu'un champ de blé puise dans le terrain sa dose d'azote, de phosphore et de potasse (pour ne citer qu'eux) ; sans ces éléments indispensables, il ne donnera rien ; s'il ne dispose pour se nourrir que de ceux du sol, il aura le rendement des blés gaulois. De plus, chaque récolte emportera définitivement une fraction de ces éléments.

Nos ancêtres le comprirent qui apportèrent du fumier. Mais le fumier, s'il est un bon fertilisant riche en micro-organismes de toutes sortes, n'est pas d'une forte teneur en ces éléments dont nous parlions plus haut. De plus, ceux-ci se présentent sous une forme lentement assimilable. Nos ancêtres s'en contentèrent pendant des siècles et des siècles, mais avec quels résultats et, par époques, quelles famines !

On comprend que les rendements aient pu être faibles lorsqu'on sait qu'une récolte de 30 quintaux de blé à l'hectare (on en obtient 65 en Beauce) emporte 110 kg d'azote, 55 kg de phosphore et 115 kg de potasse. Pour compenser uniquement cette perte, il faut, au minimum, 20 tonnes de bon fumier qui, suivant le sol, son taux d'humus et de chaux, restitueront tout cela plus ou moins lentement et plus ou moins bien.

L'agriculture moderne ne peut plus se contenter de ce cycle trop lent, de cette fertilisation trop faible. Une bonne fumure organique doit être de 50 tonnes à l'hectare. Une ferme céréalière de 200 ha devrait employer 10 000 tonnes de fumier ! Où les trouverait-elle alors que, souvent, elle n'abrite même pas une vache ou un cheval !

Reste l'engrais chimique qui a l'immense mérite d'être directement assimilable, concentré, et qui peut être étendu au moment propice, lorsque la plante a le plus besoin d'un coup de fouet.

En soi, il ne peut être nocif et aucun agriculteur ne s'amuse à l'employer sans précautions et ce pour la bonne raison qu'il est très onéreux et surtout, et j'insiste, que la plante, quelle qu'elle soit, n'absorbera jamais plus qu'elle ne le peut. Si le milieu où elle se trouve est d'une teneur trop forte, elle crève purement et simplement. De plus, le sol lui-même ne résiste pas longtemps ; les Américains et les Soviétiques en ont fait la triste et involontaire expérience sur quelques millions d'hectares, qui, tout humus brûlé par les engrais, se sont envolés en poussière.

Jusque-là, on voudra bien reconnaître que les engrais ne sont pas aussi redoutables que certains le disent, et que personne ne pourrait se plaindre de leur emploi si celui-ci était raisonnablement fait.

Ce n'est pas toujours le cas et la ruse, en la matière, consiste à sélectionner des plants très productifs, donc très gourmands, et à les obliger, par surcroît, à ingurgiter le maximum de fertilisants. Alors on irrigue et la plante, le légume ou l'arbre assimilent, croissent, se développent, grossissent, atteignent des rendements formidables ; mais derrière tout cela il y a de l'eau, et l'eau c'est sans saveur, d'où ces magnifiques légumes ou fruits sans âme.

Voici pour les engrais. J'en use avec modération. Sans eux, mes prairies rendraient le quart de ce qu'elles me donnent ! Même mon potager et mes arbres fruitiers reçoivent leur dose d'engrais, ils en ont besoin, je le sais.

Grâce à eux, et au fumier naturellement, j'ai de beaux et bons produits qui, pourtant, reçoivent également des traitements antiparasitaires. Je n'ai pas le sentiment d'empoisonner ma famille ! Car les traitements aussi sont en accusation. J'avoue qu'ils sont plus difficiles à défendre que les engrais.

Bien entendu, ils sont à base de poisons violents, il ne peut en être autrement. Mais là encore, il faut se garder du jugement simpliste qui consiste à les mettre tous sur le même banc d'accusation. En fait, certains sont passagèrement dangereux, comme les insecticides minéraux (à base de cuivre, de plomb, de zinc, etc.), les insecticides d'origine végétale (nicotine) ou les huiles insecticides (huile de pétrole). Mais d'autres sont d'implacables et pernicieux assassins, ils sont indégradables et d'une perpétuelle nocivité, ce sont les produits de synthèse (D.D.T., etc.). A ces traitements insecticides s'ajoutent les fongicides (sels de cuivre, soufre, etc.) qui traitent les maladies cryptogamiques.

Aucun de ces produits n'est anodin. Aussi l'idéal serait de les employer avec modération et longtemps avant les récoltes. C'est ainsi que je conçois leur utilisation. Mais j'insiste sur le fait qu'il est impossible actuellement d'obtenir une récolte décente sans leur aide. Qu'on soit pour ou contre eux ne change rien à l'affaire, leur emploi s'impose.

Dans mon cas, je peux faire la part du feu, c'est-à-dire laisser la nature se débrouiller dès que les plantes ont atteint un certain stade de végétation. J'obtiens ainsi des produits qui ne sont pas tous parfaits mais dans lesquels il ne reste plus trace des applications effectuées très longtemps avant la récolte.

Les producteurs de fruits et de légumes ne peuvent agir ainsi ; ils doivent offrir des produits parfaits, les clients l'exigent. Pour eux, impossible donc de s'en tenir à deux ou trois pulvérisations, vingt seront parfois nécessaires. Elles seront répétées tout au long de l'année, tout au long du cycle végétatif, presque jusqu'à la mise en vente. Ainsi trouve-t-on des céleris encore bleu de cuivre et des fruits qui puent la pharmacie ; on proteste, mais on les achète parce qu'ils sont beaux.

Et à tout cela, il faut encore ajouter les désherbants sélectifs ! Eux aussi sont indispensables. Jadis, tout était sarclé à la main ; plus tard vinrent les machines. Mais les deux systèmes réclamaient de la main-d'œuvre. Aujourd'hui la main-d'œuvre est rare, très rare ; elle est très coûteuse aussi et c'est normal car le travail du sarclage est pénible.

Alors, une fois encore la chimie est venue au secours des agriculteurs. Pas au mien. Je ne veux pas de désherbants chez moi, ni pour mon potager ni même pour le carreau de maïs que je cultive pour notre volaille. Mais je n'ai pas de grandes surfaces à sarcler et trois semaines de ce travail ne sont pas pour me faire peur. En revanche, ceux qui cultivent des centaines d'hectares de maïs ou de betteraves, ou encore des légumes de plein champ, sont rigoureusement contraints d'en passer par là ; tout comme les céréaliers dont le métier n'est pas de cultiver les coquelicots, les nielles, ou les bleuets.

Et maintenant, force m'est de dire que c'est ainsi que l'on pollue le sol et tout ce qui y vit. Nous tuons, car nos armes sont encore mal adaptées, mal conçues et que nous en usons en aveugles. Mais on ne peut plus reculer. La population du globe augmente de 6 millions d'individus par mois ! 6 millions qu'il faut alimenter. Alors, pour l'instant, on avance à tâtons et on écrase, hélas !

Les oiseaux, nos irremplaçables alliés, crèvent soit de faim, soit d'empoisonnement. Les granivores ne peuvent plus se nourrir comme jadis dans les champs qui, outre les récoltes, abritaient une foule de plantes — parasites pour nous, certes — qui leur fournissaient les graines indispensables à leur survie.

Quant aux insectivores, ils ingèrent les insectes ou les larves qui viennent d'être traités et s'intoxiquent sans rémission. Par enchaînement naturel les rapaces, à leur tour, n'échappent pas au poison, deviennent stériles ou pondent des œufs sans coquille, ce qui revient au même. De leur disparition résulte la prolifération des mulots, campagnols et taupes ; pour les combattre, on les empoisonne à leur tour, le cycle est complet. Parallèlement, les serpents dont les rapaces faisaient une grande consommation deviennent pour le moins envahissants dans certaines régions.

A leur sujet, je ne partage pas du tout l'opinion de certains amis des bêtes lorsqu'ils tentent de nous présenter la vipère comme presque aussi inoffensive que la couleuvre. C'est idiot ! Deux de mes voisins se sont fait mordre par des aspics et ont bien failli rejoindre Cléopâtre. Tous les ans, des vaches, des moutons ou des chiens crèvent à la suite de morsures de vipères. Il faut des reptiles, ils ont leur place à tenir dans l'équilibre de la nature. Mais la quasi-disparition des rapaces a considérablement accru leur densité. Ma femme n'a pas du tout apprécié la familiarité d'une certaine vipère péliade qui se préparait à élire domicile dans notre salle de séjour. Une vipère sur un tapis, on a beau dire, ça surprend ; ça fait frémir aussi lorsque le tapis où elle s'est lovée est le lieu de prédilection de vos enfants en bas âge...

Les oiseaux ne sont pas les seules victimes des traitements divers. Nos autres alliés, les insectes prédateurs, comme la ravissante coccinelle à sept points ou le somptueux carabe doré, disparaissent, anéantis par des pulvérisations qui ne les visent pas spécialement mais qui ne sont pas encore sélectives.

Ainsi, d'année en année, approchons-nous du printemps silencieux que Rachel Carson nous annonçait voici vingt ans. Que faire pour en empêcher la venue ? Et d'abord, veut-on vraiment éviter ce désert et ce silence qui nous guettent ?

J'en doute, parfois. Des sommes fabuleuses sont en jeu et pèsent très lourd. Il a fallu des années d'atermoiements pour inscrire le D. D. T. sur la liste des produits interdits. Combien en faudrait-il, et combien d'argent, pour mettre au point des traitements qui n'entraîneraient pas les réactions en chaîne dont je viens de parler ? J'ai peur, si toutefois on se donne la peine de les découvrir et de les commercialiser, qu'ils n'arrivent trop tard, qu'ils ne préservent plus rien...

Ou alors, et ce n'est pas inconcevable, la nature s'adaptera. La végétation est revenue sur l'atoll de Bikini, puis les crabes, puis les oiseaux, puis les hommes. Pourtant, voici trente ans, l'atoll était paraît-il définitivement stérile et radioactif puisque la bombe atomique l'avait tué. Mais cette renaissance ne doit pas pour autant nous inciter à l'imprudence. Pour le moment, nous en sommes à la phase descendante, nous scions la branche qui nous porte, nous la coupons. Peut-être repoussera-t-elle, un jour, mais que ferons-nous entre sa chute et sa croissance ? Et où nicheront les oiseaux, s'il en reste ?

J'aime les oiseaux et je les connais un peu. Ils font partie de ma vie au même titre que les arbres, le paysage, le rythme des saisons. Je suis bien placé pour constater, à chaque printemps, la diminution de leur densité et, pour certaines espèces, leur disparition.

Où sont les rouges-queues à front blanc ? Les linottes mélodieuses ? Les sitelles torche-pot ? Les chardonnerets ? Qui peut, à ce jour, admirer le rase-mottes impeccable du circaète Jean-le-blanc, le vol battu de l'autour des palombes, les piqués foudroyants du faucon pèlerin ? Ces oiseaux étaient beaux, beaux et utiles. Leur absence nous coûtera cher.

Je ne suis pas le seul à m'inquiéter et à m'attrister de leur extinction. Je connais des agriculteurs qui, comme moi, cherchent à ralentir l'avance du mal. Pas plus que moi, ils n'éprouvent l'impression de verser dans le sentimentalisme en installant des nichoirs ou en nourrissant les oiseaux sédentaires pendant l'hiver. Ils ont, je pense, conscience d'agir en gardiens de la nature. Ce rôle nous incombe, nous sommes mieux placés que quiconque pour le remplir.

Il est bien possible que je prêche là un combat d'arrière-garde car, outre les traitements et les désherbants qui les tuent, les oiseaux disparaissent aussi lorsque la mise en valeur des terres est effectuée sous la directive de techniciens incompétents. On arrache ainsi toutes les haies que les ancêtres avaient eu l'astuce de planter comme coupe-vent et qui étaient aussi les abris propices à la nidification ; les oiseaux partent et ne reviennent plus.

Parfois aussi on les massacre à la dynamite, comme ce fut le cas en Belgique en juillet 1974. Plus de 100 000 étourneaux furent tués ! 100 000 ! Sous le honteux et imbécile prétexte qu'ils décimaient les récoltes. Mais ils dévoraient aussi des larves et des insectes nuisibles ! Ne serait-ce que 50 gr par jour et par oiseau, cela représente un tonnage astronomique en une année !

Enfin, en dépit des lois, subsiste toujours dans certaines régions de France — grâce à un favoritisme électoral — la scandaleuse pratique de la chasse aux filets. Des milliers de passereaux de toutes espèces sont ainsi massacrés pour le plus grand plaisir de snobs qui s'en délectent en brochette. Cette espèce de gastronomes destructeurs mériterait un jour d'avoir faim et d'en être réduite à dévorer les chenilles et les larves dont la disparition des oiseaux favorise une multiplication inquiétante.

Non loin d'ici, dans le Lot, des centaines d'hectares de forêt furent envahis par des chenilles. Il y a seulement vingt ans, les oiseaux s'en seraient régalés et auraient maîtrisé l'attaque, tout serait rentré dans l'ordre. Il n'y avait plus assez d'oiseaux. Aussi dut-on faire appel à un hélicoptère qui pulvérisa un produit choc. Les chenilles ont crevé, et avec elles tout ce qui vivait dans les bois. C'est, de toute façon, le désert qui a gagné...

Demain, peut-être, ce sera au tour de notre région, de Marcillac, d'être menacée par des milliards de chenilles. J'aime et je protège les oiseaux, parce qu'ils sont beaux, mais aussi pour que, le jour venu, ils soient là pour rendre à la nature cet équilibre que nous avons rompu.

Nous l'avons rompu un peu partout. Pendant longtemps ceux qui s'en inquiétèrent passèrent pour des originaux, des nostalgiques, des doux illuminés.

Aujourd'hui on commence vraiment à s'interroger. L'homme marche sur la lune, pratique la greffe du cœur et reste impuissant devant les catastrophes naturelles que son inconscience déclenche. Alors, peu à peu, on en revient à penser que, somme toute, les agriculteurs sont peut-être les indispensables conservateurs de ce musée vivant qu'est la nature.

On déplore chaque année une recrudescence des incendies de forêt dans le Midi de la France et en Corse ; ils tuent et sont ruineux pour tous. Il y a toujours eu des incendies mais, dans le temps, on pouvait les maîtriser sans l'aide d'avions-citernes. On les circonscrivait grâce aux coupe-feu que représentaient les champs entretenus et cultivés. Le feu venait jusqu'à eux et mourait là, faute de combustibles. Si, demain, une part importante de la campagne se vide de paysans, si les prés ne sont ni fauchés ni pâturés, les terres labourées, les broussailles coupées et les chemins de terre entretenus, le Midi ne détiendra pas longtemps le triste monopole des incendies.

Ils embraseront toutes les zones incultes. Quoi de

plus inflammable, au mois d'août, qu'une prairie non fauchée, recouverte d'une herbe sèche comme de l'amadou dans laquelle, en passant, sans mesurer la portée de son geste, un promeneur jette son mégot !

Dans les années 50, les Landes ont fait la triste expérience du feu que rien n'arrête, il y eut des dizaines de victimes. Depuis, les bois de pins sont cerclés d'une ceinture verte de maïs ou de prairies et les ruraux sont là, qui veillent.

Il n'est un secret pour personne que les montagnes ont besoin d'entretien ; ont besoin des hommes et de leurs troupeaux. La neige ne glisse pas, ou très mal, sur une prairie fauchée et tondue, elle s'accroche au sol ; il n'en est pas de même sur l'herbe sèche non coupée et c'est alors l'avalanche meurtrière.

Faudra-t-il un jour en arriver à payer des fonctionnaires pour faucher les prés de montagne ? Ce serait vraiment un comble !

Faudra-t-il aussi, pour éviter que la forêt ne couvre tout, payer d'autres fonctionnaires à qui l'on demandera d'effectuer le travail d'entretien que chaque paysan pratique d'instinct ? J'ai écrit forêt, j'aurais dû écrire fouillis. Dans les terres et prairies incultes, ce sont d'abord les ronces qui croissent, les arbres s'installent ensuite, mais mal, dans la plus complète anarchie ; il en résulte des étendues boisées sans aucune valeur, ni marchande ni esthétique, car l'homme n'a pas fait ces fameuses coupes sombres injustement confondues avec la coupe rase. La coupe sombre est celle qui laisse les sous-bois sombres, c'est une coupe discrète, étudiée ; elle retranche les arbres sans valeur ou morts et permet aux autres de mieux se développer, elle nettoie. C'est encore un travail de terrien.

C'est peut-être la défense de cet indispensable équilibre naturel qui sauvera les exploitations familiales ; on les conservera, car on ne pourra pas se passer d'elles.

Peut-être aussi seront-elles les derniers modèles vers lesquels aspireront les masses citadines lorsqu'elles seront excédées par le conditionnement, la planification, la déshumanisation qui est actuellement leur lot. Car les exploitations familiales, ultimes gardiennes de la nature, le sont au sens large ; la famille est naturelle, elle existe donc encore dans les campagnes.

On peut vouloir l'abolition de la famille et son remplacement par je ne sais quel ersatz, c'est la mode, une mode idiote et dangereuse, mais il en faut plus pour arrêter certains novateurs.

En revanche, si l'on pense qu'elle reste la garante d'une civilisation à visage humain (même si elle n'est et ne fut pas toujours jolie, elle est et reste préférable à la civilisation des robots), ce n'est pas sur la vie en ville qu'il faut compter pour qu'elle survive. Ou alors il est urgent que ses derniers défenseurs s'insurgent et jettent dans la Seine, la Loire, le Rhône ou la Garonne tous les techniciens qui pernicieusement, ou peut-être bêtement, sont en train de la détruire par tous les moyens.

En ville, tout contribue à la dislocation, à l'explosion de la famille. Cette entreprise de démolition est menée d'une façon tellement systématique qu'on est bien obligé de penser qu'elle est sciemment orchestrée. Tout semble fait et étudié pour obtenir le citoyen moyen type An 2000, bête comme un cochon, discipliné comme un nazi, malléable et manœuvrable à merci. Une sorte de bipède dont le cerveau sclérosé obéira sans rechigner aux ordres, publicités ou sondages qui régiront toute son existence, et dans les plus intimes détails.

Pris en charge dès sa conception, il aura, s'il échappe au meurtre de l'avortement, sa fiche dans un quelconque ministère. On le tiendra à l'œil, il se pliera à tous les tests, à toutes les inquisitions, à tous les lavages de cerveau. Etiqueté, orienté, dirigé, conditionné, il filera droit et mettra son point d'honneur à être un citoyen parfait dans une civilisation parfaite.

Une seule chose lui manquera, la liberté, mais ça n'aura aucune importance, le mot lui-même n'existera plus.

Déjà, de nombreux signes avant-coureurs laissent à penser que cette mainmise sur la personnalité est bel et bien organisée. Si tel est le cas, le temps n'est pas loin où l'on s'attaquera sévèrement aux exploitations familiales.

Pour l'instant on les laisse mourir en paix, elles se noient dans l'indifférence générale. Demain, bientôt, on s'arrangera pour précipiter leur agonie. On fera tout pour que cesse l'intolérable présence de ces individus insaisissables que nous sommes encore.

Car le rural est viscéralement indépendant. C'est parfois une faiblesse lorsque cette indépendance devient une entrave à l'organisation de sa vie professionnelle, mais c'est aussi une force qui le préserve de l'embrigadement.

Enfin, tare honteuse pour certains, le rural a aussi le sens de la famille, c'est devenu tellement rare et anachronique qu'il faut s'y arrêter.

Qu'elle soit misérable ou aisée, la famille existe encore dans les fermes, c'est elle qui leur donne leur marque. On dit exploitation familiale, car c'est ce qui résume le mieux un mode d'existence centré sur un groupe qui vit, se perpétue, se régénère de génération en génération.

Pendant des siècles, le patriarcat fut la seule politique appliquée par les chefs de famille. Peut-être était-ce pour eux l'unique moyen de préserver leurs terres. Mais cela freina beaucoup le développement des techniques modernes et contribua à mettre l'agriculture en retard sur son époque.

Le fils destiné à reprendre la ferme devait attendre le décès du père pour avoir droit de regard sur la gestion. Il était ouvrier et ne devenait son propre maître qu'à un âge avancé, quand la fougue et les idées de la jeunesse ont fait place à la fatigue et à la routine.

Cette pratique n'est presque plus possible de nos jours ; les impératifs économiques tendent à la faire disparaître. Une ferme qui, il y a seulement un demi-siècle, pouvait abriter trois générations (les parents souverains, le fils et la bru qui attendaient, les petits-enfants) est à peine capable, dans bien des cas, d'en nourrir une. Les jeunes partent donc en ville, ce qui explique que sur 1 200 000 exploitations françaises 500 000 sont sans successeurs !

S'il n'a pas encore complètement disparu, le patriarcat vit ses derniers jours ; il s'éteindra bientôt faute de combattants. Et ce ne sera pas une perte ! Il était odieux et rétrograde et porte une part de responsabilité dans l'exode rural.

De son emprise, seule subsiste une certaine idée de la famille ; idée séculaire, forgée par les événements et selon laquelle les membres d'une même famille devaient faire bloc pour travailler et se nourrir, mais aussi pour mieux résister aux périls extérieurs.

A notre époque où les loups ne grattent plus les soirs d'hiver aux portes des fermes, où les truands et autres coupe-jarrets trouvent, eux aussi, beaucoup plus rentable de « travailler » en ville, cette idée de la famille-tribu devrait disparaître.

Ce n'est pas le cas, elle s'atténue et se transforme mais conserve néanmoins les bases qui contribuent à sauvegarder la cellule familiale : la mère au foyer, le père toujours visible. Dieu sait si la majorité des femmes de la campagne travaille dur, beaucoup plus dur que celles de la ville. Pour elles, pas de congés et pas de salaire. Malgré cela elles conservent et remplissent leur vocation première qui est l'éducation des jeunes enfants.

Ceux-ci ont, par surcroît, l'inestimable avantage de connaître leur père, de vivre avec lui, de le suivre chaque jour dans les étables ou dans les champs. Leur vie, leur petite enfance se déroulent dans un cadre familier, où chaque chose est à sa place ; ils participent à l'existence de la ferme, subissent les intempéries et s'endurcissent, apprennent à vivre à un rythme humain.

Pour eux les saisons ont un sens, une odeur, et si les hivers sont plus rigoureux et plus pénibles qu'en ville, les printemps sont beaucoup plus beaux. Enfin, ils ont cette chance inouïe de nos jours de posséder un foyer vivant.

Aucune comparaison n'est possible entre leur vie libre et épanouissante et celle d'une foule de petits citadins qui, à peine nés, sont arrachés de chez eux et placés dans une crèche puis, un peu plus tard, dans une maternelle. Malheur à ceux-là qui n'auront jamais connu leurs parents ! Il leur manquera toujours cette dose d'affection, de soins, d'éducation, cette présence maternelle dont la vie moderne les frustre.

Plongés dans une ambiance communautaire absolument artificielle et contre nature, ils ne sauront jamais ce que signifie le mot famille ; ce n'est donc pas sur elle, ni sur des parents quasi invisibles qu'ils pourront s'appuyer jusqu'à l'âge logique de l'envol ; on ne peut s'appuyer sur l'inexistant.

En revanche, les autres, les privilégiés dont les parents échappent encore à l'emprise d'une civilisation aberrante par certains côtés, ceux-là sauront d'instinct vers qui aller.

Il y a, dans ma profession, beaucoup de difficultés et de coups durs, il y a aussi des satisfactions et des avantages. Pouvoir élever soi-même ses enfants n'a, à mes yeux, pas de prix.

Je ne pense pas que nos enfants nous reprochent jamais, à ma femme et à moi, de les avoir frustrés de la maternelle, du jardin d'enfants et des classes enfantines. Nous croyons qu'il est beaucoup plus sain et instructif pour eux de passer les six premières années de leur vie en contact permanent avec nous, la ferme, la nature.

Tous me suivent dès qu'ils savent marcher. A tous je fais admirer, en automne les vols de palombes ou de grues cendrées, au printemps les nids de merles ou la naissance d'un veau, en été la splendeur d'une nuit, en hiver la beauté du givre. Avec moi ils s'initient au jardinage, avec ma femme à la cuisine mais aussi à la lecture et au calcul. Ils « m'aident » à nettoyer les étables ou à poser les clôtures ; tombent parfois dans le purin, se tapent sur les doigts et se griffent les mollets dans les ronces. Ils observent tout.

C'est, pensons-nous, bien préférable au prétendu apprentissage de la vie en groupe, au milieu de petits camarades qui pleurent ou rient mais font du bruit, avec, en fonction de l'emploi du temps, les pipis communautaires et obligatoires, les siestes chronométrées, les jouets éducatifs, les tests, les remontrances bienveillantes de pédagogues diplômés ; bref, l'existence anormale que les impératifs du monde moderne imposent à des dizaines de milliers d'enfants.

Nous pouvons soustraire les nôtres, pour un temps, à l'emprise d'un mode de vie débilitant et niveleur. Lorsqu'ils auront à l'affronter, car ils n'y couperont pas, on peut espérer qu'ils auront assez de caractère pour sauvegarder leur personnalité, c'est déjà beaucoup.

Si j'avais mauvais esprit, je n'hésiterais pas à dire que c'est bel et bien pour éviter que les francs-tireurs que sont les ruraux continuent à s'occuper et à surveiller leurs enfants que sont supprimées de nombreuses écoles de campagne.

On les ferme quand il y a moins de quinze élèves dans une école à classe unique et cela malgré l'avis des parents, malgré le combat des maîtres ruraux qui, bien souvent, ont opté dès leur sortie de l'Ecole normale pour l'école de campagne.

Mais elles étaient trop familiales, trop humaines ; les enfants s'y rendaient en traînant les buissons, retrouvaient des voisins ou des cousins, apercevaient, de leur classe, les champs paternels ou le troupeau de vaches de l'oncle. Ils étaient dans leur cadre et n'ignoraient pas que le contact permanent entre leurs parents et l'instituteur plaçait un peu ce dernier dans la famille. On le faisait participer à la vie familiale en lui offrant parfois une paire de poulets, des boudins, des produits saisonniers.

Avec les parents et le curé, le maître appartenait à un univers bien structuré et solide, l'enfant s'y sentait à l'aise parce que soutenu.

Système trop sécurisant, diront certains, il prépare des inadaptés. Très mauvaise formation à la vie moderne, s'exclament d'autres spécialistes, il faut mélanger les diverses couches de la population et sortir les paysans de leur ghetto. Pas rentable, tranchent les économistes.

Faisons semblant de croire ces arguments. On ferme donc les écoles. Désormais passe le car de ramassage scolaire, à des heures impossibles. Les enfants, aux trois quarts endormis, ont droit tous les matins à un long et très coûteux périple. Une fois sur place, ils s'entassent le plus souvent dans du préfabriqué, inflammable, et bénéficient comme tout un chacun d'une bonne cure d'oxyde de carbone au moment des récréations. L'amalgame se fait avec les jeunes citadins ; on parle de sa vie, du salaire des parents, de leur voiture, de leur réfrigérateur, de leurs vacances.

Ces comparaisons sont bien rarement à l'avantage des petits ruraux qui, à cet âge, ne mesurent pas toujours la chance qu'ils ont d'habiter à la campagne. Au lieu de s'intégrer, ils s'aigrissent, c'est normal. Lorsqu'on veut hisser une catégorie sociale à un autre niveau, il ne suffit pas de lui faire miroiter les avantages qu'elle en retirera, il faut, avant tout, lui en donner les moyens.

De leur ferme, les jeunes déracinés ne voient que les inconvénients. De la ville, ils ne regardent que les cinémas, les piscines, une vie généralement plus confortable du point de vue de l'habitat, les loisirs, en somme un somptueux mirage qui les attire.

Je ne dirai pas que c'est voulu, mais je n'oublie

quand même pas que la civilisation industrielle a un énorme besoin de main-d'œuvre et qu'il faut penser aux recrutements futurs...

Pendant que les jeunes ruraux découvrent une existence qu'ils pensent être de rêve, que le métier paternel devient, à leurs yeux, le pire du monde, la petite école bien bâtie, solide, pleine de soleil, riche de bon air et de calme, est vendue aux enchères ou tombe en ruine.

Le car de ramassage passe tous les jours devant elle. Que n'est-il plein de petits citadins, un peu pâlots, qui viendraient là, dans le calme et le silence, bénéficier de cet air pur que, bientôt, ils ne connaîtront plus que sous forme de bombes parfumées !

Pourquoi infliger aux écoliers des campagnes la corvée de la ville alors que les jeunes de cette même ville verraient une escapade et un bienfait dans les classes vertes ? Craindrait-on que l'intégration joue en sens inverse et que des vocations s'éveillent ?

Pas rentable ! beuglent les technocrates ; argument très fallacieux puisque, par le jeu des zones de salaire, un maître de campagne est moins payé que ses confrères de la ville ! De toute façon, insinuent-ils, et c'est bien là le fond de leur idée, mieux vaut mettre les jeunes ruraux au contact de la ville, les chiffres prouvent que l'exode rural n'est pas fini, il est plus facile de former un enfant qu'un adulte. Les fils d'agriculteurs qui, de toute façon, ne seraient pas restés à la terre, s'intégreront beaucoup mieux dans notre civilisation si on les sort de leur milieu dès leur enfance...

C'est sans doute vrai, mais très dangereux. Si, sur cent fils d'agriculteurs, il s'en trouve, disons le cinquième, qui ont de réelles possibilités de choisir le métier paternel, si cette minorité alléchée par la ville se dégoûte elle aussi de la terre, qui s'en occupera demain ?

Demain n'est pas loin. J'ai dit, mais on ne le dit pas assez, que sur 1 200 000 fermes 500 000 étaient sans successeurs. Les autres sont, en majorité, gérées par des hommes qui s'approchent de la retraite. Il n'y a plus de jeunes dans les campagnes. La preuve : il n'y a pas eu 10 000 installations de jeunes ruraux en 1973...

Dans le temps, les apothicaires recommandaient la saignée ; elle avait du bon, à la condition de veiller à ce que le patient ne se vide pas jusqu'à sa dernière goutte de sang. L'agriculture était malade, la saignée nécessaire. Mais la plaie ouverte n'est pas garrottée, la terre sera bientôt exsangue.

8

LA QUALITE DE LA VIE

Les jeunes quittent la terre, nul ne peut les forcer à y rester. S'il est un métier qui ne se plie pas aux diktats c'est bien celui-là.

On peut, avec un peu de patience, faire de n'importe quel agriculteur un ouvrier qualifié ; il s'habituera aux gestes, aux impératifs de son nouvel emploi et même s'il s'ennuie à sa tâche, son travail et son rendement en seront peu influencés. Je ne crois pas qu'un ouvrier à la chaîne adore son métier, pourtant les voitures roulent.

Rien de comparable avec l'agriculture, celle-ci ne peut être servie que de bon gré, une certaine passion lui est nécessaire. La technique ne lui suffit pas, elle exige aussi de l'amour et de l'instinct.

Il fut un temps où, en contrepartie, elle assurait le pain quotidien et même un peu plus. Aujourd'hui, elle est chiche, et certains, qui étaient prêts à l'aimer, se mettent à la détester avec toute la violence des amoureux trahis. Plongé dans une société et un système qui poussent à la consommation effrénée, l'agriculteur, dont les moyens financiers sont restreints, se sent frustré. Il ne peut acquérir ce qu'on lui propose, ce qu'on lui impose à longueur de journée.

Pendant longtemps il se fit une raison, même lorsqu'il était conscient de la disproportion flagrante qui existait entre son travail et son salaire, il se consolait tant bien que mal.

Mais, depuis quelques années, on lui parle de loisirs, de vacances, de week-ends, de lecture et de spectacles, de confort ménager, de tout ce bagage propre à l'évolution du niveau de vie. Comment ne se sentirait-il pas brimé.

J'ai, quant à moi, choisi. Je sais qu'on ne peut jouir de tout à la fois. Nous avons, ma femme et moi, pesé les avantages et les inconvénients de notre vie ici. Nous partageons une idée de la qualité de la vie et c'est ici qu'elle se concrétise le mieux. Mais la notion de bonheur est un sentiment trop individuel pour que je me hasarde à me mettre à la place des autres.

Je comprends donc très bien que des agriculteurs partent ailleurs, à la recherche d'une vie meilleure. Je sais surtout qu'il existe des impératifs économiques devant lesquels rien ne résiste ; ils vous poussent hors de chez vous de gré ou de force. C'est une éventualité qui guette tous les petits et moyens exploitants, je ne la quitte pas des yeux...

Qualité de la vie, ai-je dit. Elle doit pour nous s'obtenir sans tous les artifices dont les hommes usent généralement pour la fabriquer. Aux yeux d'un citadin, nos loisirs sont médiocres. Le cinéma, le théâtre, les sorties en ville en sont pratiquement absents.

Il est facile d'aller au spectacle lorsque la salle est proche de chez vous, mais dès qu'il faut se changer (on ne peut quand même pas y aller en bottes et en salopette, c'est une tenue « de sortie » qu'affectionnent trop ceux qui ne font rien) et prendre la route, c'est une soirée qui perd beaucoup de son charme, de plus, elle est onéreuse.

Reste la télévision. Elle fut un bouleversement dans la vie des paysans ; elle les obligea, peu à peu, à s'ouvrir sur un monde méconnu et à se fermer chez eux. Autant l'ouverture est louable, autant la claustration est pernicieuse.

Il y a peu de temps encore, les soirées d'hiver étaient un régal. Les voisins se réunissaient chez l'un d'entre eux, à tour de rôle. Les hommes tapaient la belote, discutaient, cassaient ensemble une petite croûte gentiment arrosée du vin de la ferme. Les femmes papotaient autour du feu, tricotaient, buvaient quelques tisanes, échangeaient des recettes. Les enfants allaient des uns aux autres, écoutaient.

Il y avait toujours un vieux, plein d'humour et de mémoire, qui racontait des histoires de jadis. Grâce à lui le passé vivait, se mêlait au présent, établissait un lien solide entre les générations.

Le lendemain matin, en partant à l'école, les gamins se souvenaient qu'à tel endroit, sous tel chêne ou châtaignier, avait été aperçu ou tué le dernier loup de la région. Qu'ici, leur arrière-grand-père avait cassé sa charrue, ou que là, leur grand-mère — encore bergère — avait écouté l'élu de son cœur lui raconter des fredaines. Ils se rappelaient, en passant à tel carrefour que, soixante-dix ans plus tôt, la jeunesse chantait, chahutait, dansait au clair de lune au son de la cabrette et de l'accordéon et que, parfois, il y avait de jolies bagarres pour les yeux d'une belle.

Ils découvraient ainsi que ce qu'on appelle pompeusement leurs problèmes n'est que la banale réédition de la vie, que les jeunes de tous les temps se sont crus exceptionnels, méconnus, incompris, qu'ils ont tous eu envie de danser, de chanter, de refaire le monde et de casser la gueule aux anciens. Le fait de le savoir ne changeait rien à leur état, mais leur évitait au moins de se prendre pour des novateurs. Ce qui transforme certains jeunes en affreux petits vieillards imberbes, c'est lorsqu'ils se rendent compte qu'on érige leurs états d'âme en affaire d'Etat ; ils n'en demandent pas tant ! Un peu d'humour ferait mieux leur affaire, l'humour bon teint des soirées d'avant la télévision, quand les jeunes et les vieux avaient un point de rencontre autour du feu.

J'ai connu ces soirées, elles étaient quiètes et fraternelles. La langue limousine — celle des troubadours, qui ne s'appela vraiment langue d'oc qu'au XIVe siècle —, convenait à merveille. Grâce à elle, à ses formules, à ses tournures, les histoires prenaient une saveur que le français traduit mal. La langue limousine n'est plus guère pratiquée que par les paysans d'un certain âge. On peut le regretter. Je le regrette, mais pas au point de vouloir reprendre la guerre des Albigeois ; pas au point non plus de vouloir coûte que coûte, et artificiellement, ressusciter cette langue morte. Quelques intellectuels se complaisent dans ce folklore, ce n'est pas méchant, ça les occupe. C'est gentillet, mais ça arrive trop tard. Une langue qui n'est pas apprise au berceau n'est pas une langue natale et ne reprendra jamais sa place. D'ailleurs, à quoi servirait-elle ? Elle était parfaite pour les belles histoires que contaient les vieux, mais les belles histoires sont mortes, tuées par John Wayne. Les veillées sont défuntes enterrées par de fades « guyluxeries ».

C'est dommage, elles cimentaient une communauté

de voisins, entretenaient les bons rapports, favorisaient l'entraide morale et physique.

Aujourd'hui, comme tout un chacun, le paysan est seul devant sa télé. Il est au courant de la vie du monde et de la planète Mars, toute l'actualité est sur sa table. Tous les spectacles entrent chez lui. Il rit. Il ne s'ennuie pas mais il est quand même un peu morose. La télévision n'a pas brisé son isolement, elle l'a renforcé. Les voisins ne viennent plus les soirs d'hiver jouer à la belote ; chacun garde ses soucis et ses joies pour soi et le foyer est éteint, il faisait des reflets dans l'écran.

Nous n'avons pas la télévision et nous n'en voulons pas. Nous en bénéficions pourtant puisqu'il nous suffit, pour la regarder, de nous rendre dans la maison voisine, et je reconnais que fréquentée ainsi elle a beaucoup de qualités. Grâce à cette démarche, nous ne subissons pas l'insupportable présence d'un récepteur. Ainsi apprécions-nous mieux les émissions choisies. Ainsi nos enfants sont-ils très tôt couchés et s'en portent très bien.

C'est surtout à cause d'eux que nous ne voulons pas de récepteur ; sauf exception, les programmes sont, pour les enfants, le poison le plus pernicieux que je connaisse. La télévision les prive de sommeil, leur inculque une fausse idée de la vie, conditionne tous leurs réflexes, les traumatise ; en fait, intellectuellement parlant, des crétins solennels et pédants souvent incapables de lire un livre sans images.

Il semblerait d'ailleurs, si j'en crois les sondages (cette forme horrible d'inquisition, de pression et de dirigisme) que 80 pour 100 des téléspectateurs aimeraient que la télévision fasse relâche une soirée par semaine, ainsi pourraient-ils retrouver un semblant de vie de famille, les joies de la conversation et de la lecture.

J'avoue être ahuri par une telle idée. Faut-il que l'intoxication soit profonde pour que les gens soient incapables de débrancher eux-mêmes le poste ! Je trouve affolante cette totale extinction de la volonté, elle est identique à celle des drogués qui vont chez le médecin pour le supplier de les aider ; ils ont raison, mais faut-il qu'ils soient bas et esclaves !

Cela dit, la lecture reste notre principale distraction ; c'est elle qui meuble la majorité de nos loisirs et qui, bien mieux que la télé, nous ouvre sur le monde. La lecture ne nous a jamais lassés ni déçus, qui peut en dire autant de la télévision ?

A ce plaisir, s'ajoute pour moi la chasse ; ou plutôt la promenade avec un chien et — accessoirement mais ce n'est pas indispensable — un fusil, car le gibier est dans notre région un souvenir.

A la saison, j'ai aussi beaucoup de joie à ramasser les cèpes, si toutefois les citadins m'en ont laissé quelques-uns. Car les champignons se font rares, volés subrepticement par les amateurs de la ville. J'emploie le verbe voler car je ne vois pas en vertu de quelle loi je ne serais pas propriétaire de tout ce qui pousse dans nos bois. Mais, pour beaucoup, les champignons et les châtaignes appartiennent au domaine public. Ce ne sont pas des cultures, disent les coupables, ça pousse tout seul !

Exact, et alors ? Un sapin, un chêne, un taillis poussent tout seul, et les truffes aussi ! Les truffes qui valent 50 000 anciens francs le kilo et que personne ne se hasarde à chaparder. Elles ne poussent pas chez nous, hélas...

Mais les cèpes, les girolles, les coulemelles, les lactaires et bien d'autres encore se plaisent dans nos bois. Pas pour longtemps sans doute car, non contents de piller les champignonnières, les amateurs massacrent systématiquement les places, grattent les feuilles et l'humus, cassent les fougères, arrachent la mousse et la bruyère. Les champignons, très sensibles à l'environnement direct, au microclimat, au biotope, ne croissent plus dans les lieux dévastés.

Peut-être aurais-je le sentiment d'être un mauvais coucheur si j'étais le seul à me plaindre de l'invasion des chercheurs. Mais de partout affluent les protestations des paysans, et certaines communes rurales en sont réduites à interdire la cueillette. On oublie trop que, pour beaucoup, les champignons sont une source de revenus non négligeable. Les cèpes et les girolles se vendent souvent jusqu'à 2 000 anciens francs le kilo. Cent kilos sont vite trouvés... J'estime, quant à moi, qu'il me serait possible, en bonne année, d'en récolter 300 kilos sans sortir de chez nous. La multiplication est vite faite, mais on me prive de son résultat ; si ce n'est pas du vol, je me demande ce que c'est !

Les promeneurs du dimanche se plaignent souvent d'être mal reçus et rabroués par les paysans. Ils récoltent vraiment ce qu'ils sèment. Dans la majorité des cas, il leur suffirait, pour être bien accueillis, de respecter les lieux où ils passent et le travail des ruraux. Ce n'est pas le cas, loin de là.

Plusieurs de mes voisins ont la malchance d'habiter à côté de la nationale 20, ils doivent, plusieurs fois par an, nettoyer leur propriété après le séjour des amateurs de pique-nique. C'est par pleines remorques qu'ils ramassent les ordures de toutes sortes, bouteilles cassées, boîtes de conserve, sachets de plastique jonchent leurs prairies, leurs bois et leurs champs. De plus, leurs clôtures sont brisées en maints endroits. Reconnaissons qu'ils ont des excuses lorsqu'ils expulsent *manu militari*, les envahisseurs.

Je n'ai jamais refusé à personne le plaisir de ramasser de quoi confectionner une bonne omelette de cèpes ou de girolles. A ceux qui me l'ont demandé, je n'ai jamais interdit de planter leurs tentes ou d'installer leur caravane. Je sais, par expérience, que les gens polis le sont en tout. Ceux-là ne détruiront pas mes champignonnières, ne casseront pas mes clôtures, ne profiteront pas de leur passage pour remplir leur sac de fruits, ne laisseront pas d'ordures derrière eux. Ceux-là peuvent aller dans toutes les fermes, ils seront bien reçus.

Quant aux autres, les barbares, qu'ils passent au large, je n'ai aucune raison de subir passivement leur déferlement.

Si nos loisirs peuvent paraître rares aux yeux de beaucoup, nos vacances le sont encore plus. Lorsqu'on pratique l'élevage, il est très difficile de s'absenter. Les bêtes réclament des soins bijournaliers. Aussi beaucoup d'agriculteurs ne partent-ils jamais en vacances. Ce n'est pas l'envie qui leur manque, c'est la possibilité.

Mais il n'est pas toujours facile de faire admettre cela aux enfants ; ceux-ci, en contact à l'école avec les petits citadins, ne comprennent pas pourquoi leurs camarades ont droit à la plage et pas eux. Il faut alors leur expliquer qu'ils ont beaucoup de chance de vivre toute l'année au bon air de la campagne et d'avoir à leur disposition des hectares d'espaces verts.

Ils reconnaissent tout cela, mais réclament quand même le dépaysement. Ils ont raison. Le dépaysement est presque indispensable. Tout le monde ressent, un jour ou l'autre, le désir de changer son mode de vie, pour un temps. Et puis, tout le monde a besoin de repos.

Aussi essayons-nous parfois de changer d'horizon, nous avons ainsi plus de plaisir à retrouver les nôtres. En quatorze ans nous avons pu, par tranches, nous offrir une trentaine de jours de vraies vacances. Ce n'est pas considérable et assez loin des quatre semaines annuelles de congés payés, mais c'est mieux que rien. Beaucoup de ruraux n'ont pu en faire autant.

D'accord, disent les béotiens, vous n'avez pas de vacances, mais vous vous reposez en hiver ! C'est là une réflexion imbécile dont on nous rebat les oreilles. Parlons-en du repos de l'hiver !

Admettons que les terrains détrempés mettent en sommeil les travaux des champs de la mi-décembre à la fin février, reste les animaux. Même lorsqu'il est possible de s'organiser pour avoir le maximum de bêtes en plein air — mais à celles-là aussi il faut apporter le fourrage —, il y a toujours en hiver dans les étables, les vaches en lactation et les veaux. Il faut s'en occuper deux fois par jour, soit plusieurs heures matin et soir. Car aux soins classiques s'ajoute le nettoyage. Si coltiner des brouettes de fumier est un repos, alors oui, nous avons du repos ! L'hiver, c'est aussi la période pendant laquelle on entreprend la pose ou la réparation des clôtures, la fabrication des piquets. Pour beaucoup, ce seront aussi les coupes de bois, les tailles d'arbres fruitiers et de vigne, l'arrachage des topinambours, l'entretien et la réparation du matériel et des bâtiments. Pour tous, ce sera la confrontation avec les intempéries et le froid. Mais les légendes sont tenaces et je ne convaincrai pas tout le monde.

Je pense même que certains penseront que je n'ai rien à faire en hiver puisque je trouve le temps d'écrire. Or, c'est bien connu, écrire n'est pas du travail, j'écris en hiver, donc je me repose ! Amen.

Il est encore un autre point qui caractérise l'agriculture : l'habitat. Une fois encore la légende veut que les paysans se complaisent à habiter des antres enfumés et crasseux, sans toilettes ni w.-c. Facile à dire, mais tout est moins simple.

Je ne parlerai pas de notre cas puisque nous avons la chance d'occuper une maison du XVe, encore en bon état, grande et relativement confortable. Mais il est vrai que beaucoup de maisons de ferme sont bien souvent des taudis, le tout est de savoir pourquoi.

Je me refuse naturellement à croire que les ruraux sont, par atavisme, plus enclins à aimer la crasse que n'importe quel Français moyen. Alors, pourquoi beaucoup d'habitations sont-elles des tanières ?

Il faut d'abord savoir que beaucoup furent bâties voici quelques siècles, à une époque où la salle dite de séjour méritait vraiment son nom ; elle était à la fois cuisine, salle à manger, souvent chambre à coucher, de plus c'était la seule pièce chauffée. Les autres ne possédaient pas de cheminée, ou rarement ; pour être habitables, on leur octroyait de toutes petites ouvertures qui limitaient l'influence de la température extérieure.

L'agriculteur du XXe siècle a hérité cette maison de famille ; elle est inconfortable, sombre, dépourvue de tout. Beaucoup de ces bâtisses ont une particularité, elles sont très difficiles à aménager intérieurement car elles sont massives, les murs de 1 mètre d'épaisseur ne sont pas rares. Elles ne furent pas bâties pour notre civilisation, mais pour une époque où l'absence d'eau courante rendait superflues les salles d'eau. Alors, fallait-il les raser ?

C'est vite dit. Les petits et moyens exploitants ne roulent pas sur l'or, tant s'en faut ; avant de s'occuper d'un intérieur où, à cause de leur métier, ils résident peu, ils doivent penser à leur ferme, c'est d'elle qu'ils tirent leur subsistance. Dans la majorité des cas, les investissements nécessaires à la vie de l'exploitation priment sur l'habitat. C'est logique. A quoi sert-il d'être bien logés et assis devant une table bien disposée si la soupière est vide ?

Certes, il existe des ruraux que le manque du plus élémentaire confort ne dérange pas. Si ça ne les dérange pas, ça ne nous regarde pas plus que le « studio » de Diogène.

Mais les autres, qui, d'après les statistiques sont encore très nombreux puisque 47 pour 100 des fermes ne possèdent que l'eau froide, 28 pour 100 seulement disposent d'une salle de bains et 20 pour 100 n'ont pas l'eau. Et tout est dans ce dernier chiffre ! Cela peut sembler peu sérieux comme argument, et pourtant ! Pourtant, il n'y a que deux ans que nous bénéficions de l'eau courante dans la région... Pendant que les hommes marchaient sur la lune, beaucoup de paysannes devaient encore tirer, au seau, l'eau du puits. Ce genre d'exercice n'est pas un encouragement à la propreté.

Je ne parle pas de Marcillac qui posséda, de tout temps, une source excellente, ce qui permit à mes parents de faire installer, il y a bien longemps, l'eau courante. Mais il n'y a que deux ans que nos voisins, moins chanceux puisqu'ils ne possédaient que des sources à faible débit, ont enfin l'eau sur l'évier. Avant l'adduction, beaucoup d'agriculteurs n'avaient même pas de sources, mais des citernes généralement vides après un mois d'été. A quoi leur eût servi une salle de bains ?

On mesure très mal, vu de loin, c'est-à-dire d'une H. L. M. moderne ou d'un pavillon confortable, à quel point plusieurs régions de France furent longtemps oubliées, certaines le sont encore.

Il n'est pas inutile de souligner que, pendant des dizaines d'années, les adductions d'eau et l'électrification servirent d'atout électoral. On promettait avant, on promettait toujours. Puis, une fois élu, on entreprenait une toute petite tranche de travaux ; elle permettait de prouver que l'on tenait ses promesses et les bénéficiaires devenaient vos inébranlables alliés. Quant au reste, on le plaçait en réserve, pour la prochaine campagne électorale. Ainsi, dans les années 50, telle petite ville de haute Corrèze possédait son casino, quel prestige ! Mais quelle sinistre farce aussi car à moins de 10 km de là, les ruraux n'avaient même pas l'électricité...

L'oubli dans lequel on laissa les campagnes explique une partie du problème de l'habitat. La vétusté des bâtiments et le coût des transformations expliquent le reste.

L'état, très souvent misérable, des maisons d'habitation, joua, et continue à jouer, un rôle dans l'exode. Dans bien des cas, les jeunes foyers doivent, outre l'inconfort, subir la cohabitation. Le mélange permanent de générations sous le même toit n'est pas, sauf exception, source de bonne entente. Lorsque par surcroît on travaille ensemble toute la journée, qu'il est impossible pour les jeunes de prendre ne serait-ce qu'un repas en tête à tête, que tout le monde se mêle de l'éducation des enfants, que tout, à commencer par la télévision, offre l'image d'une existence pleine de loisirs, d'appareils ménagers et de confort, il est normal de désirer un jour une autre vie [1].

En admettant que toutes ces difficultés soient résolues et ces servitudes acceptées de bon gré, il reste encore une condition impérative qui gère la profession : la santé.

Un agriculteur, surtout s'il exploite seul, n'a pas le droit d'être malade. Il doit, tout le temps, fatigué ou pas, être debout chaque matin pour soigner ses bêtes. Il a besoin, à longueur d'année, d'une parfaite résistance physique qui lui permettra de mener à bien les travaux, souvent pénibles et durs, qui se succèdent au fil des saisons.

La mécanisation, qui lui est une aide précieuse, ne fait pas tout, loin de là ; de plus, elle exige de son utilisateur une grande solidité. Un tracteur, aussi moderne soit-il, reste un engin inconfortable, qui tressaute, vibre, fait du bruit, provoque chez certains conducteurs ce tassement des vertèbres qui les mettra dans l'obligation d'abandonner tout travail de force, c'est-à-dire de changer de métier.

Enfin, la mécanisation pousse au travail. Jadis, l'homme devait tenir compte de son attelage. Les chevaux ou les bœufs avaient besoin de repos. On évitait, en été, de les exposer aux grandes chaleurs, en hiver, à la pluie glaciale. Seuls quelques paysans de Giono

1. Voir tableau 14 en annexe.

s'amusaient à labourer la nuit au clair de lune. L'homme était freiné dans son rythme de travail, il laissait généralement ses bêtes se reposer le dimanche et profitait de cette trêve.

Les tracteurs ont bouleversé toutes ces données ; ils n'ont pas besoin de repos, travaillent par tous les temps, ne craignent pas les mouches et, la nuit, ont des phares excellents. Beaucoup d'agriculteurs ont donc tendance à abuser de leurs forces et cela peut devenir dramatique. Quand un agriculteur tombe malade toute sa ferme en pâtit.

Certes, la solidarité jouera, les voisins viendront faire le nécessaire, les bêtes seront soignées, les terres emblavées, les récoltes effectuées. Mais, dans les détails, tout restera au point mort. Or, notre métier est fait de détails ; j'entends par là d'instinct, de coup d'œil, de flair. Il y a, surtout chez les éleveurs, une espèce de fluide qui s'établit entre eux et leurs bêtes. C'est inexplicable, irrationnel, mais indéniable.

Je sais que, pour ma part, il m'arrive souvent d'obéir, en aveugle, à une impulsion qui, en pleine nuit, me réveille et m'expédie dehors, lampe en main, aider une vache à mettre bas ou récupérer un veau nouveau-né tombé dans un ravin inaccessible à sa mère.

Tous les éleveurs possèdent ce sixième sens. C'est lui qui permettra de découvrir la bête souffrante, même si le mal est à peine visible. Un rien, une attitude, un regard, un meuglement inhabituel joueront le rôle de sonnette d'alarme, mais il faudra, pour la percevoir, connaître son troupeau de longue date.

Et c'est bien cette indispensable connaissance de chaque bête qui complique la tâche du voisin charitable et plein de bonne volonté, qui viendra « donner la main » en cas de maladie. Il ne connaît pas les bêtes, il n'a pas envers elles le coup d'œil infaillible qu'il a vis-à-vis des siennes.

C'est toujours à cause de cette espèce d'intimité qui s'établit entre l'éleveur et ses bêtes, qu'il est très difficile d'entretenir un grand troupeau sans augmenter les pertes et les accidents dans des proportions injustifiées par la seule multiplication des risques. En effet, passé un certain nombre de têtes de bétail, il n'est plus possible de juger en détail chaque individu. La légère boiterie, l'inappétence, le ballonnement, l'abattement ou la tristesse flagrants au milieu de trente vaches passeront facilement inaperçus noyés dans quatre-vingts.

Si je m'étends sur ce sujet, où l'instinct tient autant de place que la technique, c'est pour mieux faire saisir à quel point un agriculteur doit être présent et valide chaque jour sur sa ferme. Certes, la maladie ou un accident viendront parfois lui rappeler que nul n'est indispensable et que la ferme tourne sans lui. C'est vrai, elle tourne, mais au ralenti, les voisins ne peuvent tout faire, d'ailleurs ils n'ont pas le temps.

Quant à prendre un employé, c'est hors de prix et non remboursable. Depuis 1961 nous sommes assujettis à une assurance-maladie, c'est normal. Nous pouvons donc nous faire soigner sans nous ruiner, mais rien ne nous permet de nous offrir un remplaçant.

Nous sommes donc condamnés à la bonne santé, je souhaite que ce jugement soit perpétuel et sans appel. Comme nous ne gagnons notre vie que lorsque nous travaillons, qu'il n'existe pas pour nous de congé maladie et d'indemnité, nous avons vis-à-vis du mal une résistance de bon aloi.

Il est facile, et rentable, quand on cotise à la Sécurité sociale, d'avoir la grippe, surtout à l'approche des fêtes. Pour nous cette plaisanterie n'est pas possible, notre mutuelle n'est pas assez riche, ou pas assez déficitaire, pour nous payer quinze jours à ne rien faire. Ainsi, pour que nous nous couchions, il faut vraiment que ça aille très mal. Je n'ai pas, depuis plus de vingt ans, passé une journée au lit car je pars du principe qu'une grippe soignée dure quinze jours et que la même, traitée par le grand air, dure deux semaines.

Un de mes voisins va beaucoup plus loin dans le mépris systématique de la douleur. Pourtant il souffre le martyre car, affublé d'une dentition épouvantable, il se retrouve de temps à autre avec une joue comme un melon. Aller chez le dentiste ? Allons donc ! On y perd son temps et son argent, de plus, il fait mal ! J'insiste sur ce dernier point car entre deux douleurs — celle que lui infligerait un praticien bien outillé et celle qu'il crée lui-même —, il n'hésite pas. Armé d'une paire de tenailles, il s'arrache lui-même les dents malades, jure comme dix charretiers, rince la plaie à la gnôle et, soulagé, poursuit son travail...

Je n'irai pas jusqu'à approuver ce geste, il nécessite une endurance exceptionnelle et demeure dangereux. Mais je trouve quand même réconfortant que des personnages capables de tels actes existent encore. A une époque où, dans les pays civilisés, la mollesse est encouragée par tous les moyens et où des milliers de tonnes de médicaments sont jetées chaque année, ils apportent la preuve que l'homme a encore du ressort.

9

LE DERNIER BASTION DE LA LIBERTE

J'arrive au terme de cet ouvrage et un scrupule me vient. N'ai-je pas, en parlant de ma profession, trop insisté sur ses difficultés, ses servitudes, ne l'ai-je pas dépeinte trop ingrate, trop dure ? Ai-je seulement abordé les joies et les satisfactions qu'elle apporte ? A peine. Mais le lecteur, s'il m'a suivi jusque-là, saura que la joie est profonde puisque, envers et contre tout, malgré sa rudesse — ou peut-être grâce à elle — mon métier est un des plus beaux du monde.

C'est aussi un des plus complets. S'il fut un temps où il exigeait de gros bras et une petite tête, cette époque est bien révolue. L'agriculteur moderne doit, en permanence, se tenir au courant des techniques modernes ; il est obligé de lire, d'étudier, de réfléchir sur tout ce qui concerne sa profession, son avenir, son évolution. La paresse intellectuelle ne lui est pas plus permise que la paresse physique.

Manuellement, il doit savoir tout faire, ou presque. C'est pour lui le seul moyen de ne pas se ruiner en faisant appel à la main-d'œuvre extérieure. Un bon agriculteur est maçon, charpentier, couvreur, mécanicien, électricien. Il doit être capable d'effectuer lui-même le maximum de travaux et de réparations. C'est d'ailleurs un des charmes du métier, car il favorise la diversité dans le travail et la joie de la création.

Mon métier est aussi un des derniers qui laisse à l'homme sa liberté, son indépendance, sa complète responsabilité. Avec lui, pas de faux-fuyants, pas d'excuses générales.

Si je commets une erreur de gestion ou une faute professionnelle, je paierai sans recours. Aujourd'hui où on ne reconnaît même plus à un assassin la totale pérénité de son acte, où, en tout, la responsabilité collective prime sur l'individuelle, où un fautif trouve toujours des comparses conscients ou non, des lois, des règlements, des chefs de service, des supérieurs ou des subordonnés, des complexes, des maladies infantiles, un entourage, bref, des alibis qui lui permettront de s'enfouir dans la masse et de s'y perdre, il est exaltant de pratiquer un métier où l'unicité de l'homme existe encore.

Libre et indépendant, ai-je dit. Pourtant les apparences et le vocabulaire sont contre nous. Nous sommes esclaves de nos terres, de nos bêtes et du temps. Le plus modeste manœuvre semble, à première vue, jouir d'une plus grande liberté que nous.

A première vue seulement, puisque le seul fait d'être salarié aliène son indépendance, le contraint à des corvées, à des horaires impératifs.

Moi aussi j'ai des horaires et des corvées, mais personne ne me les impose, je les choisis. Je suis esclave oui, comme tout le monde, mais esclave affranchi et si un jour, parce qu'il fait beau, que le travail n'est pas urgent, il me prend la fantaisie de passer ma matinée à la chasse, de bavarder une heure ou deux avec un voisin, de m'offrir un après-midi de repos, je le fais. Je n'ai de comptes à rendre à personne, sauf à moi. Cette réserve, à elle seule, est d'ailleurs beaucoup plus lourde et astreignante que tous les règlements, plus implacable que tous les chefs de service ou d'atelier, mais elle est tellement plus noble aussi !

Il serait trop caricatural et facile de démontrer à quel point les habitants des villes-cancer sont les grands esclaves des temps modernes. Qu'une panne d'électricité survienne et c'est la panique, tout s'arrête et les hommes, artificiellement domestiqués tant par la technique que par la concentration, deviennent aussi impuissants et affolés que des fourmis amputées de leurs antennes.

Les serfs ont changé de profession et de domicile ; ce sont tous ceux qui, salariés ou employeurs, travailleurs « indépendants » ou fonctionnaires, dépendent les uns des autres, le savent et s'agglutinent de plus en plus, s'étranglent par les liens inouïs de la civilisation de production.

Nous aussi ruraux sommes tenus, mais beaucoup moins. Les vagues nous atteignent à bout de course, surtout nous les petits et moyens exploitants. Pendant des siècles notre vie fut autarcique. Chaque ferme était un royaume indépendant qui avait peu de rapport avec le monde extérieur et qui, dans l'absolu, pouvait vivre sans lui. Puis vint l'époque où cette autoconsommation devint le signe avant-coureur de la mort d'une exploitation. On nous citait en exemple les fermiers américains qui achètent leurs poulets, leurs œufs, leurs légumes, tout, et qui se spécialisent à outrance dans une seule production.

Produire davantage pour consommer davantage fut, pendant des années, le slogan choc. Il était alléchant et j'y ai cru, un temps. Je n'y crois plus, car le jeu est truqué. La preuve, malgré un exode rural considérable, les productions agricoles ne cessent de s'accroître. C'est très bien. Mais cette progression, dont nous sommes les artisans, ne nous a pas pour autant permis de rattraper le train ; il roule sans nous, et de plus en plus vite, et nous nous essoufflons...

Alors, tout en produisant davantage, donc en investissant de plus en plus, nous en revenons à l'autarcie. C'est d'ailleurs une belle forme de liberté de se nourrir soi-même, de pouvoir vivre au maximum en circuit fermé ; qui, à part nous, peut s'offrir cela ?

Système archaïque incompatible avec l'économie moderne, diront les spécialistes. C'est vrai, mais que pouvons-nous faire d'autre ? Les diverses crises agricoles, monétaires ou politiques nous ont, en quelque sorte, contraints à la défensive, pour ne pas dire à la retraite. Il ne nous reste, comme seule solution, qu'à nous réfugier dans nos fiefs, à tirer le pont-levis et à attendre la fin. Elle sera plus ou moins rapide selon les cas, mais elle viendra, inéluctablement. Il est bien connu que toutes les places assiégées ont succombé, un jour ou l'autre, vaincues par la famine, les armes ou la trahison.

Il y a vingt-cinq ans que j'ai choisi l'agriculture. Je fête cette année mes noces d'argent avec la terre. Le temps passe.

Déjà ma fille aînée a l'âge que j'avais lorsque je convainquis mes parents de me laisser effectuer mon retour à la source. Bientôt mes enfants devront, eux aussi, chercher leur voie. Tout ce que je leur souhaite c'est d'avoir, comme moi, la possibilité d'exercer le

métier de leur choix, quel qu'il soit ; s'ils y parviennent, ils seront heureux.

Mais que va devenir Marcillac ?

Le rêve de tout paysan est de laisser un jour, à l'un des siens, la propriété de famille, de pouvoir, l'heure venue, passer le relais et se retirer, serein, confiant dans l'avenir. C'est un rêve que je ne caresse pas. Peut-être me viendra-t-il lorsque j'aurai pris un peu plus d'âge. Pour l'instant, il me semble utopique. Aucune utopie ne résiste à la terre. D'abord parce que Marcillac, malgré la taille que j'ai pu lui rendre (celle de 1851) n'est pas une véritable exploitation moderne. Je n'ai pu, faute de moyens financiers, réaliser tout ce dont je rêvais. Peut-être ai-je manqué d'audace. Peut-être aurais-je dû faire davantage appel au Crédit Agricole. Je n'en sais rien.

Ce qui est sûr c'est qu'il est parfois très difficile de travailler seul, certains travaux sont impossibles, certains investissements interdits. Si, par hasard, un jeune voulant s'installer à la terre me demandait quelques conseils, il en est au moins un que je lui donnerais :

Débrouille-toi pour t'associer avec un voisin de ton âge, qui partage tes idées, qui a les mêmes problèmes que toi à résoudre. Achetez votre matériel en commun. A deux ou à trois, vous vous en sortirez peut-être, vous vous encouragerez, vous alimenterez votre foi. De toute façon, votre association vous permettra d'essayer, et peut-être de réussir, une foule de choses qui te seront interdites si tu es seul. Travaillez ensemble, grâce au cadre dans lequel s'effectue ce métier, ce ne sera pas incompatible avec ton individualisme, tu resteras quand même maître chez toi. Et si d'aventure tu ne peux t'associer, si tu es seul, dépêche-toi de réaliser tes projets. Entreprends-les tant que tu as envie de réussir. Le jour viendra vite où cette envie s'atténuera. La vie te rendra prudent, un peu moins téméraire, un peu sceptique, un peu fatigué, un peu vieux quoi.

Je n'ai pu m'associer, tant pis. Aujourd'hui, j'ai trop pris l'habitude de travailler seul et à mon rythme. J'aurais beaucoup de mal, je crois, à changer mes manies, on finit toujours par en prendre !

Marcillac donc ne pourra jamais nourrir simultanément deux familles. Il n'y a plus de possibilités d'agrandissement. Y en aurait-il, il est presque certain que j'aurais la sagesse de m'en tenir à ce que je possède. Je connais ma capacité de travail, déjà j'ai fort à faire. De plus l'investissement dans le foncier se fait au détriment de tout le reste. Là encore, comme toujours, il faut choisir.

Enfin, dans l'hypothèse où un de nos enfants voudrait, coûte que coûte, s'occuper de la ferme, je devrais, pour lui donner quelques chances de réussir, lui permettre de s'installer jeune. Or, sauf imprévu, une trentaine d'années me séparent encore de la retraite. Comme nous ne pourrons pas tous nous nourrir sur le même sol, mon successeur ne pourra attendre si longtemps pour gagner sa vie, il faudra bien qu'il aille ailleurs. De plus, je ne vois pas par quel miracle celui ou celle qui resterait à la ferme parviendrait à indemniser ses frères et sœurs, sauf en découpant ce que Bernadette et moi avons réussi à rassembler ; mais sur quoi travaillera-t-il alors, sur 19 ha 50 ares ?

Mais d'ici là, il n'est pas impossible que la ville boulimique nous ait dévorés ou, plus banalement, qu'une maladie ou un accident, ou l'évolution de l'agriculture m'aient contraint à changer de métier. Pourquoi ne pas le dire, je n'ai plus beaucoup d'optimisme quant à la survie de l'agriculture des régions pauvres. Je serais déjà bien heureux si je parviens à m'accrocher à la terre ; c'est dire que je ne suis pas prêt d'encourager un de nos enfants à prendre la relève !

Dans le fond, qu'importe ! Il faut prendre la pluie et le soleil lorsqu'ils viennent, l'organisation de l'avenir lointain est un jeu dangereux et sans pitié. Je ne connais personne qui ait pu me dire : j'ai gagné à ce jeu-là.

Après vingt-cinq ans, on peut établir un bilan. Est-il positif, est-il négatif ? Cette appréciation est d'ordre personnel.

Positif oui, si l'on comprend, ou simplement si l'on admet, mon optique de la vie ; si l'on conçoit que je puisse trouver ma joie, ma raison d'être, mon épanouissement loin des foules et du bruit, dans une profession que nul ne m'a imposée, que j'ai choisie, que j'aime en bloc.

Positif oui, puisque, pour le moment, ce métier me permet de faire vivre ma famille et surtout de partager avec elle la joie de chaque jour ; la joie qui souvent remplace ce que mon choix ne me permet pas d'acquérir, ce dont il nous prive. Vu sous cet angle, le bilan est positif, oui.

Mais pour les avides, il sera négatif, bien entendu. Ceux-là ne peuvent comprendre ; ceux-là qui n'apprécient pas un Van Gogh parce qu'il est plein de soleil, mais parce qu'il vaut de l'or. Ceux-là ne peuvent aimer la terre que si elle les enrichit.

Moi je l'aime davantage, je lui pardonne de ne pas m'enrichir, je ne lui en veux même pas de me coûter cher, parfois.

Elle est si belle ! Belle dans sa nudité et son réparateur sommeil d'hiver. Belle au réveil du printemps, quand elle embaume et qu'elle chante. Belle au soleil d'été. Belle sous les labours d'automne qui l'ouvrent et l'ensemencent, la cajolent et la comblent avant la longue nuit.

Mais rien de cela n'est monnayable, négatif donc.

Bilan négatif aussi pour ceux qu'affolent la solitude profonde d'une forêt, l'épais silence d'une nuit de décembre, l'absence de la foule et du vacarme.

Que ceux-là me laissent au moins aimer la solitude, elle est le seul miroir de l'homme, miroir fidèle mais impitoyable. Qu'ils me laissent aussi aimer le silence, il me permet d'écouter. Quant à la foule, qu'ils m'excusent si je l'évite, je ne l'aime pas ; elle est anonyme, donc méchante et vicieuse, pleine d'un tumulte dont j'ai horreur car il rend aphone.

Chacun ses goûts. Pour beaucoup, les miens sont peut-être indéfendables. Pour d'autres, qui ont parfaitement le droit d'apprécier ce que bon leur semble, ils sont incompréhensibles. Cela n'a aucune importance, absolument aucune. Le danger viendra le jour où quelqu'un, ou un système, voudra imposer sa propre, sa seule vision de l'existence, son unique idée du « bonheur ». Ce jour-là, une fois de plus, notre métier tel que je le conçois, c'est-à-dire et avant tout, libre, sera menacé.

Cette fois j'ai presque fini

Commencé en hiver, je termine cet ouvrage alors que l'été descend déjà vers l'automne. Que d'événements ont secoué le monde entre la première ligne et ces derniers mots !

Mais la terre est toujours immuable, presque hautaine. Les bourrasques qui nous secouent ne l'atteignent pas. A nos bouleversements, à nos balbutiements, elle oppose l'implacable horloge des saisons. Tous nos fourmillements, nos grosses colères, notre science, n'empêcheront pas les feuilles de jaunir, puis de tomber, bientôt. Déjà les bourgeons sont prêts pour le printemps prochain.

De ma fenêtre, j'aperçois l'orage qui monte. Le ciel le couve depuis plusieurs jours et ce soir il est là, lourd de nuages épais, crémeux. Je n'aime pas du tout leur allure sournoise d'obèses débauchés et cette façon qu'ils ont de se glisser vers le Nord. Si le vent tourne et les aide, il y aura de la grêle ; il ne nous manquerait plus que ça !

L'orage monte de partout. Il fait moite et déjà, par moments, s'entend le grave roulement des cumulo-nimbus saturés de chaleur. Bientôt ils crèveront sur nos têtes.

Le vent s'affole, saute, passe plein ouest, s'il persiste nous aurons de l'eau. Une eau chaude de mois d'août. Elle verdira les prés, purifiera l'atmosphère, nous lavera de cette touffeur qui nimbe la campagne et nous empoisse.

Un dernier souhait avant l'averse, qu'on m'accorde la faveur de se souvenir que ces pages ne sont pas le reflet de l'existence des agriculteurs, mais celui d'un agriculteur. Personne n'écrira jamais leur vie.

On traitera, avec plus ou moins de bonheur, d'acuité, de sentiments, d'un cas, d'une famille, d'un type d'individus placés dans une région précise, sur un terrain particulier, avec des problèmes donnés. Mais pour écrire leur vie, il faudrait un volume par ferme.

Car chaque ferme est un navire indépendant et libre qui roule au milieu des bois et des champs. Il navigue au gré des vents et du temps, et chaque capitaine a ses secrets, ses recettes, sa façon de tenir la barre et de faire le point, de franchir les orages et les typhons.

Chaque feu a sa vie propre, une vie que toute la famille entretient. C'est bien pour cela qu'ils sont si longs à s'éteindre, ces petits foyers qui chauffent à peine, mais qui éclairent quand même un coin de campagne.

C'est de ma vie que j'ai librement parlé, pas de celle de mes confrères.

Comme moi, ils sont libres, aussi échappent-ils à l'analyse de groupe.

Ils sont tous des cas individuels. Ils sont encore des hommes.

BIBLIOGRAPHIE

Une France sans paysans. M. GERVAIS, S. SERVOLIN J. WEIL. Éd. du Seuil.
Les Paysans dans la Société française. M. FAURE. Éd. Armand-Colin.
Vocation agricole de la France. M. H. BRAIBANT. Éd. Berger-Levrault.
La Fin d'une agriculture. F. H. de VIRIEU. Éd. Calman-Levy.
Les Paysans contre le passé. S. MALLET, Éd. du Seuil.
La Révolte paysanne. J. MEYNAUD. Éd. Payot.
La Révolution silencieuse. M. DEBATISSE. Éd. Calmann-Levy.
Les paysans parlent. J. ROBINET. Éd. Flammarion.

REVUES, JOURNAUX, PUBLICATIONS

PAYSANS

AGRI-SEPT
FIGARO AGRICOLE
FRANCE AGRICOLE

ÉCONOMIE ET FINANCES AGRICOLES

BULLETINS D'INFORMATION DU MINISTÈRE DE L'AGRICULTURE
FRANCE AGRICULTURE
ANNUAIRE STATISTIQUE AGRICOLE
NOTES ET ÉTUDES DOCUMENTAIRES (La Documentation française nos 4061, 6263)

CLAUDE MICHELET

DES GRIVES AUX LOUPS

Raconter la vie d'un village de France de 1900 à nos jours, telle a été l'ambition de Claude Michelet, qui figure déjà parmi les “ classiques ” de notre temps.

Saint-Libéral est un petit bourg de Corrèze, tout proche de la Dordogne, pays d'élevage et de polyculture. Avec dix hectares et dix vaches, on y est un homme respecté comme Jean-Edouard Vialhe, qui règne en maître sur son domaine et sa famille : sa femme et leurs trois enfants, Pierre-Edouard, Louise et Berthe.

Dans cette France qui n'avait guère bougé au XIXe siècle, voici que, avec le siècle nouveau, des idées et des techniques “ révolutionnaires ” lentement apparaissent et s'imposent. Et le vieux monde craque...

CLAUDE MICHELET

LES PALOMBES NE PASSERONT PLUS

Le Prix des Libraires 1980 a couronné *Des grives aux loups,* le premier tome du grand roman de Claude Michelet qui se poursuit et s'achève dans le volume que voici. Le retentissement de cet ouvrage dans le public français s'affirme profond et durable. Il est la juste récompense d'une œuvre qui parle au cœur, où tout — personnages et situations — est vrai et où la France entière, celle des villes comme celle des champs, se reconnaît et retrouve ses sources vives... Nous avons laissé la famille Vialhe et le village de Saint-Libéral au lendemain de la Grande Guerre ; dans le bourg qui se réveille, la nouvelle génération affronte un monde nouveau...

CLAUDE MICHELET

ROCHEFLAMME

Le principal personnage de cette histoire est une maison, plantée sur un plateau aride au lieu-dit, autrefois, Rocheflamme et, aujourd'hui, Rocsèche. Une demeure de paysan, modeste d'apparence, mais forte de ses pierres et de sa charpente, faite pour défier le temps et les passions humaines.

Pour cette maison et les terres qui l'entourent, deux hommes, à cinq siècles d'intervalle — le premier en 1475, sous le règne du roi Louis XI, le second en 1970 — vont se battre pour qu'elle vive et que vive avec elle tout ce qu'elle signifie : la dignité, la liberté, l'amour des êtres et des choses et cette permanence des valeurs fondamentales sans lesquelles il n'est pas de civilisation.

“ Un homme et des pierres ”, écrivions-nous pour présenter *La grande muraille.* Ici, c'est “ Deux hommes et une maison ” (deux hommes qui n'en font qu'un). Mais c'est toujours la même histoire — la belle et grande histoire de la fidélité et de l'amour.

CLAUDE MICHELET

LA GRANDE MURAILLE

Ce n'est qu'un champ de pierres que cette pièce de quatre-vingts ares que l'oncle Malpeyre lègue à son neveu Firmin, pour lui " apprendre à vivre ". Jamais personne n'a jamais pu cultiver ce coin de causse du Quercy où quelques chênes rabougris et des genévriers végètent entre les cailloux et les grandes dalles de calcaire blanc. Bel héritage! Cependant le jeune homme décide de relever le défi qui lui est lancé : sous les pierres, il y a forcément de la terre, et Firmin commence à dépierrer...

Ce travail insensé — dans le village, on le tient pour fou — occupera toute sa vie. Car, après avoir fait resurgir la terre et planté de la vigne et des arbres fruitiers, Firmin, revenu de la guerre, entreprendra d'utiliser les pierres de son champ à la construction d'une grande muraille qui ceindra son domaine. Non plus pour l'unité mais pour la beauté de la chose. Toute une vie pour une chose belle.

Un homme et des pierres. C'est la plus simple histoire du monde. Contée avec des mots qui portent l'odeur du causse en été, c'est aussi l'une des plus belles.

JEAN ANGLADE

LES VENTRES JAUNES

Étrange population établie sur les rives escarpées d'un torrent auvergnat : les couteliers de Thiers. Depuis des siècles, ils ont fabriqué presque tout ce qui, en France, devait trancher, percer, raser, saisir, puiser, déboucher, épiler, éplucher, écorcher, orgueilleux d'avoir trempé la dague de Ravaillac et le poignard de Caserio. Quoi qu'en dise la chronique, ces artisans savent que ce sont eux qui exercent le plus vieux métier du monde : le chasseur des cavernes avait besoin d'une hache et d'un couteau. Les émouleurs en sont l'aristocratie, puisqu'ils confèrent aux lames le coupant. Couchés côte à côte au-dessus de leurs meules, ils reçoivent douze heures par jour les projections de grès et de limaille qui font d'eux des *Ventres Jaunes.* On pourrait, en fin de journée, les gratter comme des carottes. Mais dans leur atelier insalubre, obscur, infect, chaque équipe forme une communauté libertaire qui règle son temps et son travail comme il lui plaît, se fiche des lois, de la République et des partis, se console de sa crasse et de ses infirmités en buvant des chopines, en jouant du pipeau, en élevant des chardonnerets.

Sur ce fond truculent se déroule la saga des Pitelet, ses drames, ses idylles, ses moqueries, ses tendresses, ses ascensions. Mais aussi la saga d'une ville sans pareil par son corps et son esprit, sa mentalité « punk » avant la lettre, sa ferme volonté de rire de tout, du bonheur et du malheur, de Dieu, du diable et de la bête pharamine.

JEAN ANGLADE

LA BONNE ROSÉE

Poursuivant la chronique auvergnate commencée par *les Ventres Jaunes,* Jean Anglade reprend ici l'histoire de sa ville natale, Thiers, capitale française de tout ce qui coupe. Il évoque avec pittoresque, humour ou émotion les effets des grandes tempêtes nationales de 1912 à 1936 sur cette population singulière, merveilleusement douée pour le théâtre et la satire, qui se donne en spectacle à elle-même en une perpétuelle « commedia dell'arte ».

Sur cette toile de fond se développe la saga des Pitelet. En unissant l'émouleur Auguste et sa fiancée Toinette, servante d'auberge, l'abbé Brugerette insiste sur ce thème dans son sermon : « L'Évangile ne nous demande pas une misère éternelle. Un certain enrichissement qui ne nuit à personne, qui ne résulte de l'exploitation de personne peut être considéré comme un don du ciel au même titre que la bonne rosée qu'il répand sur nos semis pour les rendre prospères. » Voilà une leçon qui ne tombe pas dans l'oreille de sourds. Cependant, Auguste Pitelet et ses pareils, devenus patrons à leur tour, continuent de marcher dans leurs galoches, de porter leur tablier de cuir, d'avaler leur « biche » de soupe deux ou trois fois par jour, de tutoyer leurs ouvriers et d'être tutoyés d'eux. S'ils s'efforcent de jouer aux bourgeois, c'est en toute naïveté et avec des résultats souvent cocasses. Ils demeurent sympathiques malgré leur ascension : ce ne sont pas des nouveaux riches, mais d'anciens pauvres.

Achevé d'imprimer en janvier 1988
sur les presses de l'Imprimerie Bussière
à Saint-Amand (Cher)

PRESSES POCKET - 8, rue Garancière - 75285 Paris
Tél. : 46-34-12-80

— N° d'édit. 1771. — N° d'imp. 2896. —
Dépôt légal : 3e trimestre 1981.

Imprimé en France